企业短视频策略

臧其超—— 著

广东旅游出版社
GUANGDONG TRAVEL & TOURISM PRESS
悦读书·悦旅行·悦享人生

中国·广州

图书在版编目（CIP）数据

企业短视频策略 / 臧其超著. — 广州 ： 广东旅游出版社，2023.10
ISBN 978-7-5570-3145-9

Ⅰ．①企… Ⅱ．①臧… Ⅲ．①企业管理—网络营销 Ⅳ．①F274-39

中国国家版本馆CIP数据核字(2023)第181921号

出　版　人：刘志松
特约策划：三藏文化
项目执行：徐泽雄
责任编辑：陈晓芬
封面设计：东村老刘
责任校对：李瑞苑
责任技编：冼志良

企业短视频策略
QIYE DUANSHIPIN CELÜE

广东旅游出版社出版发行

（广州市荔湾区沙面北街71号首层、二层）

邮　编：510130
电　话：020-87347732（总编室）　　020-87348887（销售热线）
印　刷：深圳市和兴印刷发展有限公司
　　　　（深圳市龙岗区平湖街道辅城坳社区新工业区A50号A栋）
开　本：889mm×1260mm　32开
字　数：156千字
印　张：8
版　次：2023年10月第1版
印　次：2023年10月第1次印刷
定　价：78.00元

短视频来袭，为什么是流量为王？

在短短几年时间内的迅猛发展，抖音已经成为短视频行业的龙头企业，商业价值不断攀升。在地铁站、餐厅、写字楼等人员密集的场所，随处可以看到正在刷抖音的人。许多人在闲暇时总会习惯性地打开抖音，刷几条短视频。极强的用户黏性对所有互联网产品来说都是非常有价值的。

抖音，是一款音乐创意短视频社交软件，是一个专注年轻人的音乐短视频社区。用户可以通过这款软件选择歌曲，拍摄音乐短视频，形成自己的作品。简单地讲，抖音就是每个人拍摄、发布视频的工具；同时，抖音作为视频应用APP，也成了大家观察别人世界的窗口。

每个人自主拍摄的控制欲和对别人世界的好奇心，在抖音这类产品中，得到了最好的释放。这就是抖音火爆的根本原因。对比文字的表现形式和感染力，视频可以说更胜一筹，视频主导传播并成为媒介主流的时代已经到来。

一条抖音短视频，可以让落魄歌手一夜之间受万人追捧，可以让一杯原本毫无知名度的奶茶瞬间销量暴增，可以让一些冷门的地方瞬间变成热门旅游景点，可以让常见的儿童手表卖断货……

这就是抖音创造的巨大红利和营销价值。它让许多默默无闻的普通人变成达人，让许多行业借助这个平台玩起了跨界，让许多不知名的产品摇身一变成了万人追捧的爆品。因此，越来越多的企业选择入驻抖音，其中不乏知名度很高的大品牌。例如，奥迪、宝马、唯品会和支付宝，就连"高冷"的香奈儿也在抖音上线了12支竖屏腕表广告……

作为一个新近崛起的超级流量池，抖音成了众多品牌和产品的必争之地。不过，作为一种新的营销模式，短视频营销的不可控性也非常明显，如果还按照微信、微博营销等老一套的模式来做抖音营销，恐怕效果未必好，也难以持续。

抖音虽然是一块聚集了庞大流量的宝地，但并非人人都能从中获得较高的流量。据不完全统计，截至2023年，抖音的日活跃用户量已超过10亿人次。但有些人即便得到了流量，也不知道如何去利用它，如何才能将其价值最大化。虽然从零开始打造一个账号并获得数百万粉丝并不是一件容易的事情，但抖音独特的机制对很多新手来说还是非常友好的。

只要运营者能够在运营前做好一系列基础性的准备工作，那么开一个好头还是没问题的，毕竟抖音的流量池给了所有新人一个脱颖而出的机会。但是，流量池并不是万能的，运营者只有不断提高自己的创作水平和运营能力，打造出爆款视频，才能在抖音上有所发展，完成变现。

可以说，抖音在短视频行业的地位已经十分稳固，其商业化进程也在不断加速，企业越早入驻越容易抓住机会。为此，我在对抖音运营进行深入分析和总结的基础上创作了本书。全书立足于抖音短视频平台的特性，系统地梳理了抖音运营的流量密码，包括抖音流量、商业流量、人群流量、内容流量、知识流量等内容。

掌握这些信息，不仅有利于抖音短视频运营者更好地借鉴成功经验，将有用信息运用到实际运营工作中，提高短视频的质量和粉丝量，也可以帮助更多想要进行平台合作和抖音营销的品牌或企业，激发灵感，找到需求结合点和突破点，根据具体产品和情况选择合适的抖音玩法，从而实现营销效果最大化或品牌转型等目的。

如果你也想了解短视频的运作策略，那就不要犹豫了，学习书中介绍的方法，果断地开展行动，才有可能实现自己的梦想！

臧其超

目录

目录

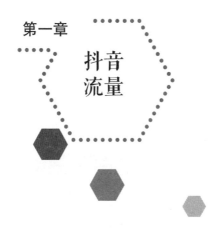

第一章

抖音
流量

　　刷短视频，特别是刷抖音的短视频，已经成为很多人的日常生活习惯。庞大的用户带来了巨大的流量，很多人在短视频平台找到了商机。在这个流量为王的时代，抓住流量就能抓住更多、更大的机会，改变自己的生活现状，甚至改变自己的人生。

一、对标起号，找个适合的账号跟着走

如何在抖音等平台运营账号呢？先选定视频风格，再找到对标账号，然后制作内容，最后上传视频。对标起号最好采用大小号同步的方式，大号就是团队账号，用来变现；小号就是个人账号，专门用来消遣。

（一）为什么要注册两个账号

大号和小号功能不同，是注册两个账号的根本原因。大号的功能主要是用来展示自己的内容方向，不要随意用大号关注别人，也不能随意发内容。

仔细观察，哪个拥有3000万粉丝的大号会随意关注别人？你会发现，大号粉丝多，但较少关注他人，也很少与他人互动，更不会随意给别人留言。

我们要认真对待大号，制作内容时，先写好文案，再认真剪辑，最后再发出来。合适的时候可以申请蓝V认证，绑定手机号和营业执照。记得做好归属权认定，因为这个账号未来可能是3人小组一起做，也可能是30人团队一起做。像抖音上有3000万粉丝这样的大号，背后都有一支庞大的团队在运营。

小号运作相对简单、灵活，可以随意发布合适的内容，也可以测试抖音新功能，感受抖音新规则。

例如，我们在等飞机时，看到机场忙忙碌碌的人群，随手拍了20秒视频，附上心有所感的几句话，再配上一首歌作为背景音乐，一条视频就完成了。这样发布内容，就像微信朋友圈一样，只不过朋友圈偏重于图片加文字，抖音偏重于视频加文字。

（二）如何对标起号

大号起号之时，就要找到对标账号。总体的原则是，不同阶段找不同的对标账号，当你的账号粉丝数超越了对标账号，再继续寻找新的对标账号。整个抖音平台上，一定有一个号可以供你参考。但是，千万不要找粉丝数量排行第一的账号来对标。

抖音"第一号"《人民日报》，这是官方媒体的账号，内容也是独家的，我们个人做不了。个人账号第一大号"疯狂小杨哥"，最近两年粉丝从6000万涨到了9000万，未来甚至会变成第一个破亿的大号。有很多账号试图模仿疯狂小杨哥，都仿得"四不像"，没有成功。

第一名哪有那么容易模仿？同样的道理，中小民营企业也不能与阿里、腾讯、华为、格力等大企业对标，不能把它们作为竞争对手。既然头部"大V"不能对标，最好的对标账号就是在你的领域中寻找最近三个月蹿升起来的号。它们分别为：一是涨粉最快的号，二是变现最多的号，三是涨粉和变现比较均衡的号。

虽然抖音后台有13个大类的排行榜，每个类别罗列了前50名的大号，但是我们无法看到这些号的变现数据和直播数据。想要得到更详细的抖音数据，可以通过第三方数据平台，包括抖查查、蝉妈妈、飞瓜数据等，都可以查到，但需要付费。想要起号，少不了对数据进行研究，而且这点支出，很快可以在抖音上赚回来。

可以用小号把所在领域前50的账号全部关注一下，然后对它们进行研究。这也是小号的用处之一。不要用大号来关注，因为大号会被对方注意到，毕竟你正在模仿它们，还是低调一点为好。

（三）如何超越

找到对标账号后，下一步干什么呢？不是全面模仿，也不是抄袭文案，而是学习对方的运作方式、呈现方式以及拍摄角度。如果你抄得完全一样，就会被对方举报，起诉侵权。一旦被判定侵权，账号推荐权重就会降低。如果你抄得有那么一点神似，对方有些粉丝就会在你的留言区发表负面评论，甚至辱骂。这类留言，会打击自己的信心。所以，找到对标账号，不能搬抄，也不是模仿，模仿不是目的，超越才是目的。

找到合适的对标账号后，每拍一条视频，就复盘一次，找出可以改进的地方。只要你用心，很快就能追上对方。

比如，你刚起号时只有2万粉丝，就找一个拥有10万粉丝的号对标；当你追平时，再找20万粉丝的对标账号；追平以后，再找一个50万粉丝的对标账号。一边对标，一边超越，有了明确的涨粉目标，心中也有底。抖音10亿的用户量，就像视频太平洋，如果没有明确目标，往哪里航行，都是逆风。

涨粉、超越对标账号是一方面。但有的领域注定难以涨粉，就需要在变现方面超越它们。那么，到底账号定位是涨粉，还是变现呢？我的答案是，没有最好，只有合适。

比如，某宠物号的主角是一只可爱的猫，这个号半年能做到1000万粉丝，因为全国爱猫的人非常多。虽然这个账号拥有1000万粉丝，但是一年也很难变现1000万元，也就是平均一个粉丝，一年赚不到一元。

相反，有的号注定做不大，但可以赚大钱。

比如，一个汽车类账号，当粉丝做到20万，就能变现200万元；粉丝做到100万，就能变现1000万元。相当于平均每年从一个粉丝身上赚到10元、100元，甚至更多。

再比如，有一个很冷门的号，是做电动桨板的，只有2万粉丝，一年却做到了500万元的营收。因为这类产品太冷门，不是玩家根本不会搜索，但只要搜索到，就可能下单。这类就是做变现账号的对标账号。

还有一类比较均衡的账号，如母婴、化妆品、服装类等，粉丝越多，变现也越多，变现与涨粉比较均衡。

（四）如何找到适合的账号

想要变现与涨粉，不能看别人变现就跟着别人学、看别人涨粉就盲目跟随，也不能听说冷门、竞争力弱，就去做。想做冷门内容，但没有相关专业基础，起号之后也做不了对应的产出。

假如你也做电动桨板，但是你对这个行业一无所知就开始投资。简单装修一个工作室，再购买几套道具，几十万元就花出去了，却赚不到钱，甚至连成本都收不回来。

再比如，在汽车这个赛道，有一半的汽车"大V"账号都被一家MCN公司纳入旗下了，在这个赛道，注定竞争不过它们。而且，汽车账号当下在变现、涨粉、商务方面都遇到了瓶颈。很多讲车的账号，经常讲的是旅游探险、美食探店，与其他网红互动。它们打的广告，并不是行业对口的各类新车，而是各种游戏广告及某些二手网或购物平台的广告。大多数游戏广告都是骗局，只要下载就会知道其中的猫腻。接这类广告，其实很损害粉丝的利益。

所以，奉劝大家要坚守本心，不要听信别人说的"蓝海"赛道，不要盲目听信一夜暴富的模式。哪个赛道都有王者，哪个赛道都是"一将功成万骨枯"。一个赚钱的账号，可能需要投入很多钱，但是利润并不高。这时我们应该怎么办？发挥自己的所能，坚守初心，把这个领域研究透彻，然后对标三类账号来操作。对标起号的目的，如图1-1所示。

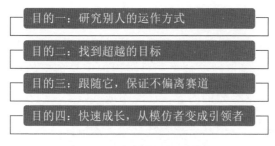

目的一：研究别人的运作方式

目的二：找到超越的目标

目的三：跟随它，保证不偏离赛道

目的四：快速成长，从模仿者变成引领者

图1-1　对标起号的目的

运营账号时可以做一些创新，这样不仅可以获得新的粉丝，还能找到新的变现手段；不仅可能获得奖杯，还能参加抖音创作者大会。每年一届的抖音创作者大会，规模盛大，可以和各个领域的"大V"、网红一起走红毯，得到再次曝光的机会，继续涨粉、变现，成为领域的引领者。

二、掌握五个创作步骤，想不火都难

抖音是什么？很多人肯定认为，抖音就是短视频平台。这个答案其实不准确。几年前抖音确实是以短视频为主，可现在长视频越来越多，直播也越来越多。过去占据主导地位的15秒短视频越来越少，说明这么短的内容，已经不成气候了。现在的抖音已经超出短视频的范畴，内容也越来越有深度了。

从大环境来看，是因为人们慢慢地从浮躁中出来，从追求有意思的内容，转变到追求有用的内容，人们不会一天到晚地看那些没有营养的内容了。现在的抖音是流量平台，不管你的手机里装多少软件，其中最大的两个流量入口，一个是微信，另一个就是抖音。

从引流的角度看，关键在于内容创作。抖音需要什么内容，我们就做什么内容，迎合抖音就能迎合用户的需求。

为什么同样的内容，有的人发出来能火，有的人发出来就没几个人看，深层次的原因是什么？一是算法，二是内容。算法决定了你的内容有多少人能看到，什么分类的人群能看到。因此，我们要利用算法来做内容，内容越好，推送的时间就越长，被人收藏就越多。被收藏才容易变现，这说明他不仅欣赏你，还觉得你的内容有用。

抖音有一个算法原理，民间称为"挖坟效应"，指的是抖音会重新挖掘数据库里的优质"老内容"，让它重新曝光。这些老作品之所以能被"引爆"，首先是内容够好，其次是你的账号已经发布了很多垂直的内容，标签变得更清晰，系统能够匹配到更精准的用户给你。

一个发过的内容，过一段时间又在增加阅读量，这就是好内容，能经得起时间的考验。很多人追求当下的热点，热点过去，内容也就冷了。

内容是流量的基础，我们如何做内容，才能让抖音给更多推荐呢？以下是五种内容制作的方式，如图1-2所示。

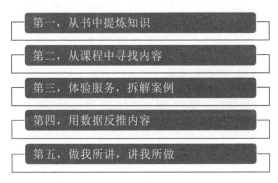

第一，从书中提炼知识

第二，从课程中寻找内容

第三，体验服务，拆解案例

第四，用数据反推内容

第五，做我所讲，讲我所做

图1-2　抖音内容制作的五种方式

（一）从书中提炼知识

在当今移动互联网时代，很多人习惯天天抱着手机上网，很少看书，甚至认为看书的人在装清高，是过时的人，与时代脱节了。

在这些不喜欢看书的人眼里，能上网看手机，谁还看书呀？读书的人在减少，图书市场在没落，他们深信不疑。但是，从内容创作的角度来说，书中的知识是经过作者的提炼和出版社三审三校，是经过时间考验的内容。从书里得来的知识，可以让你的知识不断更新，不断推送给新人。你想想，作者从写作到出书，至少需要一年时间，而且书里的内容是不容易过时的。不过时的内容，才算好内容。从书里提炼知识，其实还有一个深层次的原因，即一边看书一边做内容，你的思维也在进步。尤其是看一些理论性、逻辑性的书，看懂以后，不出三年你就会有自己的系统思维，可以用自己的思维和逻辑，解读市场发生的一切。到那时，还需要在抖音上抄别人内容吗？我还有一个建议，哲学类的内容从书中找，商业类的内容从杂志中寻找。

（二）从课程中寻找内容

有一些经典课程，在全国开了几百期研修班，里面有一些非常有用的内容，就可以拿来加工，变成自己的内容。那么怎么获取这些知识呢？不一定非得去现场听，可以看他们的官方报道，看学员的学习笔记。课程报道一般在公众号会有，图文并茂，而且有深度。只要关注了，你就能看到，把内容改良，就变成你的流量内容了。还有他们的官方视频号，可能会有一些视频片段，可以从中找到有用的内容。

（三）体验服务，拆解案例

你有没有发现，探店类视频容易爆火？

例如，一个深居小巷的店，被几个大网红走访一下，这个店就火了。因为有主播亲自去体验，还加一些剧情，正好满足人们的猎奇心理。很多人有选择困难症，难以决定去什么地方吃饭，正好看看视频，找到建议。而你迎合观众需求，解决观众问题，做了探店的内容，加上真实体验，还有独特解读，就能拿到流量。

说白了，通过探店拿到流量，也帮助用户解决了选择的问题，你是做出贡献的。只要守住底线，不要把黑的说成白的，粉丝就会买账。但是，吃播的流量大门缓缓关闭，深度解读类视频的大门正在缓缓打开。

例如，爆火的某奶茶品牌，别人买一杯奶茶，你也买一杯奶茶；别人品的是味道，你品的是商业模式；别人看到奶茶里的糖分，你看到奶茶的盈利模式。经过你的拆解，这条视频就变成一个小型总裁班的案例了。抖音本就需要这样真实的案例，因为抖音平台下一步的规划就是发展线下。

（四）用数据反推内容

用数据反推内容，最好具备统计学和经济学的基础知识。做过10年营销工作，或者干过5年营销总监岗位的人，都可以轻松从数据中发现问题、找出商机、找到不为人知的一面。有人说，只要瞄一眼公司的销售数据，就知道问题在哪里，这也正常，自己公司的数据天天看，就有经验了。

我要说的是，看社会数据和行业报告，从宏观数据中推出行业商机，这些就考验人的功底了。之所以说原创难，难就难在一般人没有这样的基础。更难的是，他们不会花时间去分析数据，总喜欢看别人的总结。

哪些人会花时间看数据呢？顶级投资人。他们吃早餐的时候就在看数据，午餐的时候和客户谈数据，晚餐的时候看新闻，新闻里也有数据！然后通过数据的判断，他们确定把钱投在哪里，什么时间投，投多少钱，是主投还是跟投。

如果你也善于分析数据，用不了三年，就不需要看别人的总结，而是相信自己的直觉和判断。那个时候，你的财富将会暴增。上天不会眷顾投机取巧的人，也不会怠慢做数据分析的人。

（五）做我所讲，讲我所做

有没有发现，在抖音里近两年爆红的人，都是拿着麦克风在课堂上讲课的人，他们讲的内容从哪来的？自己做的。他们一边上课，一边和学员交流；一边阐述自己的观点，一边帮助学员实操。实操的内容，又变成他们的一手材料，变成他们的亲身经历，变成下次课程的真实案例。这些就是最好的内容，锦上添花，而不是雪中送炭。你想想，你已经能开课，能辅助企业，能投资企业，说明你已经有名气、有实力、有流量了。你把实操的过程说出来，将会获得巨大的流量。

三、抖音四大算法机制

抖音流量的本质是什么？是内容加算法。什么样的内容会被推荐，什么样的内容不容易被推荐，这些都是由算法决定的。

以下是算法的四个法则，如图1-3所示。

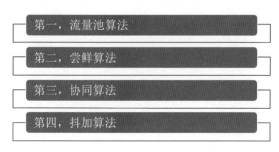

第一，流量池算法

第二，尝鲜算法

第三，协同算法

第四，抖加算法

图1-3 抖音算法的四个法则

（一）流量池算法

所有的视频内容，都会归集到一个"池子"里。当你的视频发出，抖音平台会把你的内容放到200～500的流量池中，也就是有200到500人会看到你的内容。然后算法会根据这个人群的反应，决定是否推荐到下一个更大的流量池，也就是1000～3000的流量池。到了这个流量池中，也要看用户的反应，再决定是否进入更大的流量池。如此循环推荐、多级推荐。

如果内容特别优质，阅读量达到上百万、上千万，甚至可以上热门推荐。我们做内容，追求的第一种流量方式就是上热门。

那么，用户的哪些行为或指标，能够决定抖音算法呢？完播率、复播率、点赞、收藏、评论、分享、关注等，用户有这样的行为，就代表这条视频很优秀，很值得推荐。如果用户看不完，一滑就走，那么说明这一条视频不够优质。

怎么理解流量池算法？打个比方，有五个大妈去超市买鸡蛋，发现鸡蛋又好又便宜，于是各自传播给自己的姐妹，然后一群大妈涌入超市去抢鸡蛋。如果被推荐的大妈又认为鸡蛋比较好，又各自推荐给自己的姐妹，于是更多的大妈涌进了超市，结果该超市的鸡蛋变成一个生活片区的热销鸡蛋。她们再不断分享，一个片区的热销鸡蛋就会变成了一个城市的热销鸡蛋。

来的人实在太多，于是相关部门介入，要仔细看一下超市卖的鸡蛋是不是有猫腻，是不是有套路。检查发现鸡蛋确实不错，就能远销周边城市了，这就是所说的上热门。审核鸡蛋的过程，需要人工参与。同理，视频上热门也是有人工审核的，阅读量达到百万级，也会有人工审核。

（二）尝鲜算法

尝鲜算法，顾名思义就是向你推荐新内容的算法。

你喜欢看篮球，抖音不会只给你推荐有关篮球的内容；你喜欢看乡村的内容，抖音也不可能一直推荐乡村的内容。哪怕你再喜欢的内容，也不会超过10%，还会推荐其他内容给你，这就是尝鲜推荐。因为如果全部推荐你喜欢的内容，很快就会腻。

抖音算法的强大，在于它会根据用户所处的环境不同，推送不同的内容，这样抖音与用户才有黏度。

上面卖鸡蛋的案例中，如果一个超市卖的全是鸡蛋，你四五分钟就逛完了。所以超市要想留住客人，就要提供更多的商品。比如给你推荐西红柿，是因为你极有可能晚餐做西红柿炒鸡蛋；同时还会推荐葱、姜、蒜，这就是尝鲜推荐。

抖音还会根据时间段不同，推荐不同的内容。比如到了晚上11点，会推荐情感类的内容。因为人在大晚上不睡觉，心里会有一点空虚，心灵需要慰藉，这时需要的是心灵鸡汤，而不是鸡蛋。在节假日，抖音判定你可能会外出旅游，会推荐一些美景、美食的视频，展示祖国的大好河山、各地的美食，这都是新鲜内容的推荐。

与尝鲜算法对应的，有一个"不感兴趣"算法。当你看到视频选择了"不感兴趣"，那么后台算法就会加速找到你要的内容。抖音如此了解人们的需求，其实就是能发现人心里微妙的地方。而这些微妙的地方，就是通过海量的视频计算出来的，可以说，算法比人更了解人。

（三）协同算法

协同算法就是比较算法。怎么比较呢？通过用户画像来比。比如，算法定义中的一个20岁的小帅哥，大体可以判定他喜好的内容，喜欢打游戏、看漫画、看美少女、宠物，不喜欢看做饭、看职场、看知识讲座，然后通过协同算法，把同类人群放在一起，推荐符合人群画像的内容。

也有些人认为不准确。没关系，大数据既能做大量用户的画像，也能做少量用户的画像。

举一个例子，我们做销售时，也会给客户画像。不同的广告内容，就是针对不同的客户画像。在不同的办公楼里上班，看到的电梯广告是不一样的；小区的电梯广告与公司大楼也不一样。这就是协同算法。

有的楼栋的电梯广告会推荐一些鸡蛋的广告，有的楼栋会推荐汽车，尤其是豪车的广告。而你到底是喜欢便宜的鸡蛋，还是喜欢昂贵的汽车，商家都清楚。所谓"会买的不如会卖的"，就是因为卖家懂得协同算法。

（四）抖加算法

抖加算法是一种流量加速器的算法。"抖加"就是通过付费来购买流量的算法。花钱投给你的一条视频，然后"加热"这条视频，让更多人看到，获得更高的曝光率，这就是抖加算法。这个行为很像你参加一个节目，要晋级的时候需要向粉丝拉票，但是天下没有免费的票，所以要花钱，他们才会投票给你。

抖加算法并不是任性算法，不是有钱就可以任性投，抖音会审核你的视频，只有有用、有趣、有料，能引发共鸣的视频，才值得投放。

每条视频具体需要投多少钱呢？这个要根据粉丝量、点击量、评论数等数据来定。如果你的视频平均点击率是一万，评论不超过一百个，就少投一些钱，先增加播放量；如果你的播放量能上百万，就可以提高互动率，有互动才容易变现。

如果你的内容投了抖加，效果却不是太明显，就要回归原点，升级内容。投钱的背后也是人性，只能锦上添花，不能雪中送炭。要让好的视频更好，不是让不好的视频变热门。

抖音的四个算法，是抖音号运营的基础。其实算法再好，关键还得看内容。不要以为做几个热点，蹭到一些流量就算成功。很多视频今天爆火，明天也可能下架。很多人今天爆火，过一段时间突然就被全网封杀了。

例如，为什么有些"大V"，总是快速消失在抖音？因为他们以前影响力较小，说什么大家都不在意。当他们火的时候，有些人会给他们"挖坑",从他们过往的视频中寻找违规的蛛丝马迹,找到说话的漏洞,然后攻击他们,最后导致他们被迫退网。所以你传播的知识、传递的价值观,一定要能经得起时间的考验。要知道,内容才是流量的本体,算法只是流量的辅助,不能本末倒置。

四、抖音三大审核规则

我们运营抖音号，不能太在意一时的效果和流量，要往大局看、往长久看。不仅要盯着流量，还要盯着规则。否则辛辛苦苦地做了内容、蹭了热点、拿到流量，最后却违规，系统评估和人设还会受到负面影响。一个经常蹭热点的号，推荐权重就会降低。所以运营抖音先要了解抖音的审核机制，知道抖音的底线在哪里。有底线，心里才有底。

例如，近几年很多百万级、千万级大号经常出事。一个百万级大号的体量相当于一家小公司，一个千万级大号的体量相当于一家大公司，他们的纯收入甚至比大公司还要多。为此，我们要时刻警醒，避免触碰底线，不要把手中辛辛苦苦做起来的账号一夜归零。

运营抖音号和经营企业一样。假设你的企业做得风风火火、影响力很大，但是你只顾着研究市场，没有研究相关的政策，当你名声大噪的时候，就可能被相关部门调查，被嫉妒你的同行起诉，甚至企业被查封，毁于一旦。这样痛心的案例不在少数。

而那些名气一般，行事低调的企业，就会没人研究，也没人关注。名气大了，有点"小事"也容易被人揪住不放。要是没事，别人还会想办法"碰瓷"，找你的麻烦，你所说的每一句话都有可能被歪曲解释。因为总有"黑粉"做人无底线。

底线是生存立世的根本。你做视频内容，和企业做产品一样，不要为了流量和销量去造假。如果造假没被查到，说明你的体量还不够大，销量很一般；当你销量好的时候，就会有些人怀着"羡慕嫉妒恨"的心理，用各种理由、各种手段把你架到火上烤，直到你线下关门、线上退网。要想让你的账号少出"幺蛾子"，了解抖音审核规则，学会自我保护就显得尤为重要。

抖音内容审核的步骤，如图1-4所示。

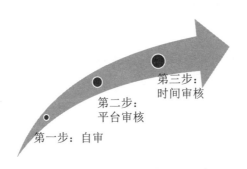

第三步：
时间审核

第二步：
平台审核

第一步：自审

图1-4 抖音内容审核的步骤

（一）自审

第一步是自审。那么，由谁来审核呢？不是抖音平台，而是你自己。怎么自审呢？就是在你认知范围内，检查有没有违规的内容、敏感词、让人不舒服的画面、不经过别人授权的内容等，发现并把这些问题统统规避。

视频内容经过自审后，你觉得没问题，再去上传。放在企业里，就是你自己生产制造的产品，自己进行质检，审核有没有质量问题，认为没有问题再投入市场。但是，很多企业经营者明知故犯，他们非常清楚自己的产品有问题，仍要把有问题的产品推向市场，导致"暴雷"。

（二）平台审核

第二步是平台审核。平台审核分为机器审核和人工审核两种。这两种方式是并行的，没有先后顺序。如果你的号属百万级大号，你发布的内容机器和人工会同时审核；如果你的号只有几百个粉丝，那就是机器来审核。

机器审核就用定好的算法来进行，审核视频、封面、文案，精准到视频里面的关键词和每一帧的画面，如果有违规，就会提示你。

比如，有些内容虽然算不上违规，但是画面质量不清晰，看起来模糊，就会提醒你；再比如，你在视频中开车没系安全带，也会有违规警示；还有关于电焊的视频，光太刺眼了，用户看了会不适，抖音也会提示。相反，视频很暗，黑乎乎的，还是能发出来的。至于那些暴力、色情的，压根就通不过审核，这些方面在自查的时候就该注意避免。

还有一种是查版权。如果你的视频引用了某电影的片段，抖音就会提醒你，是否已获得授权。如果有授权，就要上传相关文件。近几年抖音也拿到很多影视的剪辑权，可以为广大用户的二次剪辑提供授权。

另一种是人工审核，并不是每条视频都要经过人工审核。

如果你的内容在发布的时候就被人工审核，那要恭喜你了。因为只有上百万粉丝的大号发布的内容，才会经过人工审核。百万级大号相当于一份都市日报的流量，影响力很大，当然要人工检查一遍。

如果你发布的视频过了几天又经过人工审核，就一定是出问题了。一般是因为被人投诉了，就会人工审核，确定内容是不是有问题。如果判定有问题，官方便会发私信给你。

抖音具备亿亿级算力，对视频审核的速度超快，所以较短的视频在上传过程中就同时在审核了。如果视频时间较长，机器审核的时间也会长一些。如果你是上千万的大号，人工会仔细审核，用的时间就会更长一些。

例如，大号"陈翔六点半"，之所以叫"六点半"，就是因为每天下午六点半发布内容，这是他们一直以来的坚持。但你看他们的视频，有不少在6点就发出来了，提前上传是为了给人工审核留出足够的时间。

（三）时间审核

最后一步是时间审核。怎么理解呢？你的视频发布了一段时间，完全没问题，甚至还很火爆，但是过了一个月，或半年，突然被判定违规，这就是因为内容没有经得起时间审核。

这个原理很好理解，比如你发了关于某个明星的视频，一年后他出事了，关于他的内容就要删除。

还有一种情况，我们的作品发布后没有被提醒违规，但是播放量为零，第二天还是零。这时就要通过电脑后台查看，这条视频可能会被提示，"你的内容不适宜公开"。既然不适宜公开，那么就删除，或者重新修改吧。这就涉及对于违规的内容，应该怎么处理的问题。

有些做抖音课的讲师总是告诉你，不要删除视频，要隐藏。违规的视频和永不再现的视频，不删除留着干吗？当然，美中不足的视频可以隐藏，说不定哪天可以直接放出来。这个道理好比临时不穿的衣服叠放在一起，装在箱子里，说不定哪天又用上了；不要的衣服，干脆直接扔掉就行，放在家里还占地方。所以，当你了解了抖音的审核规则时，就不用再纠结某一条视频违规，也不用心存不甘，继续创作新的内容就行。

有些较真的人，觉得做内容很辛苦，不舍得删除违规的视频，会在电脑上一帧一帧地去检查，查完还是没有发现问题。其实，一个不起眼的地方、一个小图标，或者一个垃圾桶上的特殊符号，也会被判定违规。

还有些内容，自己看20遍也没发现问题，认为是阳光正能量的内容，但是抖音还会认为你的内容不适宜推荐。

比如，有人拍网红玻璃桥的视频，在上面各种作秀，用户看着也挺开心。但这样的内容有误导性，虽然可以在网红玻璃桥上面走，锻炼胆量，但并不建议在上面打打闹闹，因为那根本不是能打闹的地方。

也就是说，你认为的不违规的视频，并不是大家都认为的。即使你的内容现在没问题，将来某一天真的出事了，你的内容还是经不起时间考验的。那么，遇到这种情况怎么办？把视频隐藏起来，继续去创作新的内容。

还有一位做测评的主播，自己花重金提前买了四部手机，对手机的操作进行横向测评，看哪个更好用。虽然他的内容火了，但是被手机厂家的公关部找到，要求他整改内容，客观分析手机性能，并为自己发表的错误言论在抖音上道歉，道歉的内容还要置顶。遇到这种情况该怎么办？应该摆好心态，不要硬扛，胳膊是拗不过大腿的。不要因为一条视频，而把账号给毁了。

要记住，抖音是目前审核最严格的短视频平台，只要你发出的视频在抖音没问题，在其他平台也都没问题。抖音上有问题的内容，在其他平台上也很有可能发不出去。

最后简单地总结一下，不要太过于纠结机器审核的规则对你的约束，规则是时刻在变的，抖音的算法也天天在变。今天的规则，用在明天的视频可能就违规。你做内容要坚持长期主义，持续不断超越自己。过去不好的内容，只要删除就可以了，以后可以创造新的内容。连奥运会纪录每四年都有机会被打破，你的内容为什么不去主动打破呢？主动尝试新手段、新设备、新文案，做更好的内容贡献给用户，这是抖音平台希望的，也是广大用户所期待的。

五、主页设计的一个中心和三个基本点

　　抖音主页就如同门店的门脸、公司的前台、酒店的大堂等这些向用户展示的地方。所以，做好主页设计尤为重要。

　　抖音主页设计要以"一个中心，三个基本点"为立足点，即以主页修改为中心，以主页背景、抖音名字、置顶视频为三个基本点，如图1-5所示。

图1-5　主页设计的立足点

（一）主页背景

抖音主页背景颜色默认是黑色，也可以选择白色。我们设计主页上的内容，要在黑色和白色两种背景的情况下看，不能杂乱无章。个人介绍的文字，三两句就行，不宜太长。

（二）抖音名字

抖音名字的起法比较自由，大网红起什么样名字的都有。个人介绍也是经常变化的，根据你的业务需求来修改。

> 比如你起一个新号，刚开始是为了好玩，粉丝多了后，开始有人找你合作，为了方便起见就在主页上留下自己的联系方式。等粉丝继续上涨，业务也在扩展，于是又有了属于你自己的工作室，有了专属的小助理，并开始在主页留下助理的联系方式。这就是所有在抖音上创业者的发展路径。

我们既然可以在主页上修改自己的抖音名字，是否也可以修改（或者备注）别人的名字呢？当然可以。改别人的名字，就像我们在微信里备注好友的姓名一样。

> 比如，你加了一个人的微信，她的名字叫"一朵小红花"。这时你就得用她真实的姓名做备注，这样你就知道这个好友是谁，否则过两天你可能会忘记她是谁。

给抖音账号取名时，要跟随人设不断修改名字。如果是美食账号，名字要与美食相关；如果是旅游博主，名字要和旅游相关；如果做母婴产品，名字最好与产品有关联。别人看到你的名字，就知道你是做什么的，这就叫专业。

（三）置顶视频

什么内容的视频值得置顶呢？可以放点击率最高的，让好上加好；可以放自己取得荣誉、获奖的视频；可以专门录制一条特别的视频；还可以放自己的高光时刻、亮点时刻，很多"大V"都是这么做的。

整个主页的修改很简单，也就是几分钟的事，但要注意细节，不能出现错别字，图片要清晰。

我的一位"准宝妈"学员名叫李华（化名），第一次来到我的课堂上时，肚子已经不小了。但是她的学习兴趣很浓，要抢在孩子出生之前，给自己充电，学习育儿知识。

孩子出生以后，李华在家里休产假，她随手注册了一个抖音号，名字就叫"宝妈李华"，头像选了自己的日常自拍照。个人介绍是这样一句话："我是李华，初来乍到，谢谢大家关注我。你关注了我，我也会关注你。"上传的几个视频都是用手机随便拍的。虽然她拍得很普通，但人设也算立住了，就是一位宝妈。她的收藏夹也收藏了不少关于育儿的视频。

后来，她一边带孩子，一边拍一些孩子日常的视频。有一天，她上传了一条视频，是她与闺蜜的一段对话。闺蜜夸赞她："李华，你带的孩子看上去就与众不同，因为你就是与众不同的人，你可是清华大学毕业的高材生啊！"

这条视频我也刷到了，就给她点了赞。一个小小的赞，倒是点醒了李华。她给我发来私信："臧老师，你是拥有5000万粉丝的大网红，还给我点赞，我诚惶诚恐。其实我也不知道该拍什么内容，您能指点一下我吗？"

我就给她留言："你要展示你的智慧和强项，用你的智慧照亮别人，用你的强项去帮助别人。"于是，李华就开始思考她的定位，她想到自己是企业高管，是清华大学的毕业生，还是一位宝妈，应该分享一些专业的育儿知识。于是她把抖音号改名为"李华育儿日记"，头像换成一个卡通娃娃，开始拍她带娃的心得与体会。

我也看了她几条视频，都是用手机拍的，镜头晃来晃去，经常出现360度旋转的画面，看着都晕。但也能从她说话的语气中，感受到她带孩子的喜悦。于是我给她发去私信，告诉她一句话："要做好视频，先研究你的收藏。"

我熟悉李华这个人，她在总裁班里听过我的课，因为怀孕，就坐在第一排。能来上总裁班的女性，都是不简单的人，她一旦认真起来，做事就有闪光点。

我的这一句留言，可谓点醒了梦中人。她开始研究自己收藏的视频，学着别人的方式来制作视频。买了摄影器材，把家里客厅的角落做成一个直播间，这样拍出的视频明显专业了。她先写好文案，打好灯光，化好妆，在镜头前讲自己带娃的经历，讲自己考上清华大学的故事。虽然她讲得有点"碎嘴子"，但流露的是真情，宝妈都喜欢这样的讲法。这样的视频一发出，点击率疯狂上涨，评论区也非常热闹。你说这样的互动，抖音平台能不给流量吗？

之后，她的主页又升级了，名字改为"清华妈妈聊育儿"，个人介绍里写了这样一句话："毕业于清华，成长在北京，每日分享育儿知识，与孩子一起成长。"头像也换成自己在清华大学时的照片。三个月的时间，她的账号粉丝突破了50万，可见她找到了感觉，也做到了每日更新。你说这个时候，李华的人设是什么？显然是两个标签，一是清华，二是育儿。清华为主，育儿为辅。因为清华大学这块金字招牌，在任何时候都很亮眼。

后来有粉丝在一条换尿布的视频下给她留言："求同款纸尿裤。"李华突然意识到，可以顺势而为居家变现。于是她开通抖音小店，一边分享育儿知识，一边挂上链接卖货。在这个关键时刻，她给我发来微信语音，询问抖音带货要注意什么？我跟她说了一句话："选品大于一切。"李华听完，连说了20个"谢谢"，才挂断了电话。明人不用细说，真理无须多言，她已经领悟到我的意思。在线带货选品很重要，尤其是给宝宝用，更要谨慎、谨慎、再谨慎。之后李华用大量的时间选品，并且把选品的过程录制下来。

我们来总结一下。

第一阶段，给抖音号随便取个名叫"宝妈李华"，这时她就是一个抖音用户。

第二阶段，改名为"李华育儿日记"，偶尔发几条用手机拍的短视频，而且角度不好，镜头晃动，但这个阶段她已经成为一位抖音创作者。

第三阶段，名字改为"清华妈妈聊育儿"，强化清华的概念，借助清华招牌。你说全国有几个宝妈对"清华"没感觉呢？这时的视频由她老公拍摄，她用清华的思维来聊育儿，用企业管理的模式来带货。

第四阶段，粉丝数量达到100万，她已经是育儿领域的名师了。再次将抖音号改名为"李华讲育儿"，弱化清华头衔，但强化了"李华"这个品牌。以前"聊育儿"，是以宝妈的身份来聊，既轻松又自在；现在"讲育儿"，是以讲师身份来讲，因为她这时有了结果，有了权威。

那么，未来还要不要继续升级呢？当然要，当粉丝量达到一千万，她就是抖音名师了，那时主页可以更加简化，就像知名影视明星这样，他们的名字就是品牌，主页就是招牌。

六、抖音的四种定位

定位理论已经影响了营销界20年。定位就是在用户心智中找出差异，找到与众不同的地方。在抖音上，对人的定位就是人设，你要向外传递一个什么形象，或者传递一个什么印象，这就是你的定位。

我们常说："学会差异化，营销不用怕。"差异化不仅可以用在产品营销方面，还可以用在抖音账号运营上，主播也需要做定位。有了定位，主播才可以把号做起来，才可以把流量吸引过来。学会了差异化，凡事就能先找差异化，不与别人正面争。

前面提到的"李华育儿"这个账号，初期没有定位，也没有粉丝。后来她找到一个独特定位——清华宝妈，有了这个差异化，她的粉丝增长突飞猛进。后来她定位成专家，账号名改为"李华讲育儿"，这时的她已经有权威、有专业、有信心了。成为上千万"大V"后，就可以去掉抖音账号的名字中辅助的内容，变成"李华"，这时就是名人定位。名人都不用太多辅助，所有名人都一样，如果加了头衔，就会限制其发展。名人账号的辅助信息可以写在简介里面，而不是用在名字上面。

抖音账号定位的三个关键词：用户心智、差异化、等于什么，如图1-6所示。

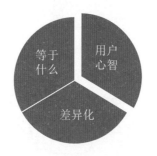

图1-6 定位的三个关键词

用户心智就是用户认为我们是什么；差异化就是我们独特、与众不同的一面；等于什么，就是我们和用户心智连接的那个词。

比如，沃尔沃等于什么？安全。特斯拉等于什么，充电。奥迪等于什么？公务。奔驰呢？尊贵。宝马呢？愉悦（驾驶的愉悦感）。反过来也能找到字眼，空调等于什么？格力。坚果等于什么？三只松鼠。瓜子等于什么？洽洽。凉茶等于什么？王老吉。困了累了，等于什么？以前想到红牛，"累了困了喝红牛"，本来挺好的定位，已经深入人心，但是红牛舍弃了这个定位，变成了很拗口的一句话——"你的能量，超乎你想象"。而东鹏特饮把红牛原来的定位给捡起来了，现在是"累了困了，喝东鹏特饮"。

抖音也有大量的定位案例。比如，剧情大号，有"陈翔六点半"；搞笑的大号，有"疯狂小杨哥"，粉丝已经突破8000万了，而且还在疯狂涨粉。想到"文化带货"，就是新东方的"东方甄选"。想到电影解说，就是"毒舌电影"。

你知道毒舌电影是怎么做后期剪辑的吗？其实它没有后期剪辑，都是一气呵成。那么，一次解说讲多少遍呢？100多遍，边做边改。也有特别的电影，一次解读能讲300多遍，中间如果有气息不顺，就重新来过。因此，它们是电影解读界的翘楚，是视频剪辑的"天花板"。

其实，王家卫在20年前拍电影也是这样，不用后期镜头拼接，而是一遍又一遍地演，直到满意为止。《一代宗师》开场雨中的打戏，他拍了半年，一个镜头就这么反反复复地拍。

可以说，没有后期剪辑，也是一个定位。

看完这些案例，大家对定位有认知了吧！接下来把定位理论用在抖音上。抖音号的四种定位，如图1-7所示。

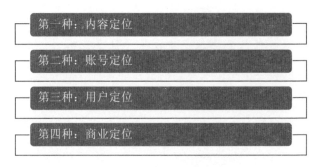

图1-7　抖音的四种定位

（一）内容定位

新手运营抖音号，初期先追求发布视频的量，一天发一条，一个月至少发30条。这些视频质量可能差一些，但是可以练习你的播感、镜头感，还有你的剪辑水平。没有一定的量，你的水平很难提高，剪辑技术也不会提升。

有了感觉后，才可以做出差异化的内容。任何人不可能一出手，就拍出差异化的东西。

例如，B站有些人拍某一条视频火了，在你知道他之前，他已经拍了上百条，只是这一条突然爆火，正是因为找到了差异化，才能"封神"。

内容定位是一个过程，你要慢慢找到自己与众不同的一面，然后朝着这个方向走，越走越有感觉。内容定位是需要反复寻找的，一次不行就再来，越找越精准。业界有很多"大V"，都是通过差异化来突破粉丝量的。

比如，有一个账号找准了定位，粉丝快速做到100万，然后就做不上去了，于是继续寻找新定位，做到粉丝突破500万。

这个账号发布的视频内容，是在室内做饭，人们慢慢看腻了，粉丝就定型了。于是走向室外，和其他"大V"到有特色的地方联动，变成户外做饭。这样既有剧情，又有其他人物参与，于是粉丝突破了500万。

也就是说，内容定位要随着时间不断改变。

正如我反复讲的李华的案例，清华这个牌子好用，但不能一直用，不能一直沾清华大学的光。最后还是要向内求，从自我出发，才能有新的突破。

抖音里有一个"大V"号，原本有3800万粉丝，在半年时间内涨到了3960万，但4000万的大关就是上不去。因为这个账号发布的视频，内容已经固化。后来他改变了剧情，与其他"大V"联动，粉丝马上突破4000万。

你要知道，几千万粉丝的大号，尚且需要内容定位，更何况区区只有几百个粉丝的账号。流量是变化的，定位也是需要变化的，只不过很多时候是微调，不需要大动大改。

（二）账号定位

账号定位就是你的账号等于什么，是哪个领域的。比如，你要做育儿知识，育儿是领域，是方向，不是定位。而定位是要找到客户心智，找到差异化，找到相等的字眼。你要在育儿的方向上继续寻找，是清华宝妈讲育儿，还是乡村女人讲故事，还是手绘方式传达育儿知识。不同的定位，镜头拍摄的内容也不一样。比如育儿手绘，基本不用真人出镜。

（三）用户定位

关于账号的粉丝，抖音后台有精确统计：男女比例，地区分布，等等。业界还有第三方数据统计平台，可以作为研究使用。我们想做流量，要多研究一些数据，不能凭感觉做判断，要靠数据来分析。

我们可以根据这些用户数据，来做有针对性的用户定位。比如，你的账号粉丝中，女性占比75%，30～45岁的年龄段居多，这显然是宝妈在看。所以，我们的视频内容就要特别针对这些人。主页背影的颜色、用的字体、拍视频时说话的语气，也要偏向于宝妈。这样定位，粉丝会越来越多。

（四）商业定位

商业的目的就是变现，也就是赚钱。抖音变现的渠道，可以是带货，也可以接广告，还可以靠卖课。带货不限于有形的产品，像衣服、包包、口红等，还可以是无形的产品，像我们刷抖音，看着看着，视频中冷不丁地来一句："点我左下角下载游戏，我这个是真传奇，你那个是假传奇。"

我相信，在未来有形的产品和无形的产品会各占半壁江山，无形的、虚拟的、服务类产品会越来越多。因为无形产品不需要物流，秒下秒发，比有形的产品更容易变现。比如，电影票是无形的产品，优惠券也是。

我们做商业定位的过程，是不断摸索的过程，在定位的过程中找到定位。也就是说，在这个过程中，会总结很多产品的优点、卖点，或者特点，并不断进行产品创新，定位慢慢就有了。

怎么可能一开始就有精准的定位呢？

例如，可口可乐上市伊始，也只是一支糖浆，带一些治疗功效，卖得很一般。后来它不断创新，找到了定位，才成为大众饮料。

商业定位，不能不找，不能不去琢磨。找到定位，定位反过来会带来成倍的价值，会节约成倍的营销费用。

七、锦上添花，抖加投放策略

　　抖加投放是一项重要策略，我们一定要用好这个流量入口。其实它和线下投放广告大体是一样的。先尝试着投放，看看效果如何，如果效果明显，就加大力度继续投；如果没有效果，就暂停投放，或者换一个平台来投。随着投放一年、两年的进程，你掌握了一些广告经验，投放就会常态化，把投放变成了营销的辅助手段。

　　我们要一边投放抖加，一边学会成长。毕竟这是一件交学费的事，这个钱不能白花。我们学习投放广告，抖加也算是投放广告的一个支脉，值得我们学习。

　　我认为，投放广告策略不是一两年的事，而是一生一世的事。我们往前回顾10年、20年，广告是不是一直都存在？互联网的繁荣靠什么？就是广告。就连广告业内专家都说："我投放广告的钱，总会浪费一半，但我不知道浪费了哪一半。"浪费一半不要紧，只要另一半广告有用，就会把我们所浪费的钱加倍赚回来。

抖加投放有两种形式：一种是给自己的视频投放广告；另一种是给别人的视频投放广告，点开别人的视频，右下角有一个弯曲箭头模样，点开看，里面就有一个"帮上热门"的按钮，这就是帮别人投广告。

这时你就能明白，一个抖音号有1000位"老铁"是多么重要。他们喜欢你的内容，就会收藏和转发你的内容，还有人会帮你的视频上热门，甚至会在你直播的时候打赏礼物。

有人说："其实不用1000个老铁，有三个'榜一大哥'就行了，这些人随随便便打赏几十万元。"

其实这是一种传说，并不是哪个直播间都有这样的运气，而且"榜一大哥"是最不稳定的因素。一方面，他给你打赏100万元，也会给别人打赏。他打赏100万元，就像普通人打赏100元一样轻松。不要以为你的才艺可以随随便便俘获这些大哥的心。另一方面，"榜一大哥"一般是用来刷榜的，上榜后这些钱还是要退还给他的。

"榜一大哥"有点偶发性，还不够理性，以后那些疯狂打赏的事，也会慢慢消失。所以，不要认为有三个"榜一大哥"就管用了，你要做事业，就要发展1000个"老铁"。他们可以支持你的事业，让你早日实现"小目标"，让你的梦想早日起步。但是，"榜一大哥"会支持你的事业吗？会支持你的梦想吗？当然不会。投放抖加可以让我们发展1000个"老铁"，但是吸引不了"榜一大哥"。

我们运营抖音号要明白，好视频才值得投放抖加，好视频投放以后，才有效果。抖加绝对不是雪中送炭，而是锦上添花。

如何进行抖加投放？如图1-8所示。

第一阶段：尝试性投放

第二阶段：策略性投放

第三阶段：变现为目的的投放

图1-8　抖加投放策略

（一）尝试性投放

可以选择点击率比较高的视频来尝试投放，感受一下抖加的投放流程和功能。

（二）策略性投放

就是有目的、有策略地投放。抖加是我们做流量的最强辅助，不仅可以用来增加粉丝，还可以用来做视频测试。我们发布十条视频，每条都有一万的点击率，但其中某一条播放量很低，只有几百，这时就可以给这条内容投抖加。不是为了提高这条视频的播放量，而是在投放的时候，用抖音平台做一个检测，这时平台可能会提醒"你的内容不适合投放"。用抖加这个功能，可以检测这条视频是不是违规了，是不是被限流了。不管哪种情况，我们的钱都是花不出去的，但通过检测发现这条视频是有问题的，就可以将其隐藏起来。

我们还可以利用抖加来做数据测试。在做内容时，每一条视频都要开一个总结会议，每周开一个复盘会议。会议上要分析视频，我们不仅要看视频的基础数据，还可以尝试性投放几条抖加来做数据测试。

比如，给五条视频各投200元，你发现有一条流量增加非常明显，200元的投放费用，抖音给了2万个播放量，这意味着这条视频做得很好，值得投放。用1000元测试了五条视频，这笔钱对于公司来说不算多吧？

在测试的过程中，还可能有另外一种情况。就是你的视频本来有自然流量，但投放了抖加，反而没流量了。这是为什么呢？因为你直接发布出来的视频是机器审核的，给的是自然流量；你投放了抖加，这条视频变成了人工审核。经过人工审核，可能认为内容不值得推荐，反而把你的自然流量也限制了。因为人工审核更严格，人比机器更有智慧。

抖加投放的好处，不仅用来涨粉，做数据测试，还可以做数据分析。那么，到底哪一条值得投放呢？其实有投放经验的也不一定说得准，关键时刻还得靠数据。并不是说这条视频花了三天时间打磨剧本，三天时间拍摄，又花了三天时间剪辑，付出九天的心血，就值得投放。因为你花的心血，不一定是"老铁"喜欢看的内容。

这就是抖音与众不同的地方，如果你的内容投放百度竞价，你投多少钱，就收你多少钱。如果你投淘宝直通车，给多少钱，都能给你花掉。但抖音平台不一样，它会审核你的内容是否适合投放，如果不适合，就不会收你的钱。因此，要选对内容来投放，这样才不会浪费广告费。

（三）变现为目的的投放

变现为目的的投放，有一个硬性前提，就是你的团队已经成熟，你的直播已经打磨成型，你的带货流程已经理顺，这时投放就可以顺理成章地变现了。如果不能变现，而是一直增加粉丝，就是图个热闹。前几年玩抖音的人少，哪怕唱歌跳舞也能营收一些"音浪"。现在就很难了，抖音的用户不仅海量，还很内卷。得带货，或引流到线下，才能变现。

带货变现的抖加，一般会投在预热的视频。这条视频要专门拍摄，30秒以内就要告诉大家，你要在什么时间做直播。比如说今天是6日，发出预热视频告诉大家"8日晚上8点直播带货，会给大家带来很多福利，请大家锁定我的直播间"。6日要发预热视频，是不是要在4日就制作好？是不是要在2日就把内容策划好呢？提前预热，体现的就是专业。专业的制作策略，加上抖加的投放，才会事半功倍，我们的广告费才不会浪费。

但是，不成熟的团队做带货变现，往往头脑一热，说"我看8

日这个日子挺好的，干脆我们来一场直播带货吧"。结果什么也没准备，更没有精心制作预热视频。等8日晚上8点开播，发现进来看直播的人少得可怜，你说气不气人？

我们要利用好抖加这个功能，把钱花在刀刃上，不要以为有钱就能砸出一个大号、捧出一个大网红，就能钱生钱，这怎么可能？业界有钱的公司很多，在抖音平台上兜兜转转两三年，投了上百万、上千万元，连一个水花都没砸出来的大有人在。

总之，抖加是锦上添花，是好上加好，是帮助你变现的。变现靠的是提前的准备，有序的步骤，和做事业的决心。

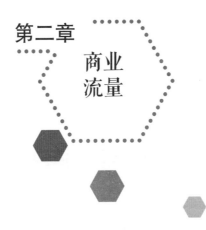

第二章

商业
流量

抖音自上线以来，不断调整运营思路，推出了包括直播在内的一系列新功能，这些都表明了抖音的商业雄心。广大运营者也敏锐地看到了抖音的发展方向，创造了多元化的变现方式，如打赏、广告、课程变现等，而且电商群体也在纷纷入驻抖音。抖音的变现之路愈发宽阔，运营者越早入，就越有可能获得丰厚的回报。

一、上热门的三个诀窍和四个细节

上文已经介绍过，抖音流量池有多个级别：初级、高级、更高级、最高级。

一说到抖音流量，大家最关心的还是如何上热门。因为在过去，有人因为一条视频上了热门火了，有人因为说了一句话传开也火了。

三年前的抖音，主打"抖音短视频"，那时玩抖音的人很少，创作内容的人更少；今天的抖音，不再以短视频为主，而是长视频和短视频兼具，创作的人越来越多，直播的人也越来越多。

现在，抖音内容更丰富，人们刷抖音的时间也就变长了。

现在，即使你的一条视频上热门，也不一定会火，不一定能增加多少粉丝。原因很简单，你的视频上了热门，大家看完就滑走了，留不住人。有一些人会点开你的主页看一下，觉得不感兴趣也就不会关注你。

抖音流量的获取，采取"赛马机制"，上午上了热门，下午又有新的热门出来；下午上了热门，晚上又有新的热门。这些热门的内容，连一天时间都坚持不了。

我们运营抖音号，要对热门有一个正确的认知。热门好比买彩票中奖，但中的这个奖绝对不是一等奖的500万元，可能是中了五等奖10元，四等奖200元，或是中了三等奖3000元，这点奖金并不能改变你的生活。也就是说，一条视频上热搜，不一定能把你的号带火。

我们要用平常心对待上热门这件事，把每一条视频都按上热门的方式来做，把整体内容做到一个高水平线上。有了这个前提，有一份平和的心态，再来讨论视频上热门的话题。

说实话，最近一两年运营抖音号的人，哪怕视频上了热门，涨了粉丝，最后还是变不了现。视频火了，就有流量，就可以直播带货，可以推广产品。但是很多人平日里没有提前准备，突然有大量用户涌进你的主页后，仅过3秒钟就离开了，这就没法变现。

我记得电视连续剧《亮剑》里有这样一段情节，说日本有一支小分队在行军时刚好碰到了火药库，他们就炸毁了这个火药库，后来整支联队被李云龙的部队歼灭。

事后，日方开会讨论这件事。他们认为这个联队队长有点膨胀，以为炸一个火药库就能改变当前的战争局势，其实什么都改变不了。可见，日本方面没有对这个联队长有什么怜惜之情，认为他是咎由自取。

同样的道理，不要以为你抖音号的一条视频上了热搜，就能改变一切。我们要摆正心态，每一条视频都要朝着上热门的方式来做，让整体火爆起来，才可以变现。

（一）三个诀窍

那么，视频上热门的诀窍是什么呢？如图2-1所示。

诀窍1：不碰社会性新闻

诀窍2：迎合人们观看需求

诀窍3：迎合抖音的算法机制

图 2-1　上热门的三个诀窍

1. 不碰社会性新闻

虽然社会新闻很容易上热门，但是我们普通人没有传播新闻的资质。很多人就喜欢碰一些新闻热点，做的内容也确实上了热门，但是最后号很可能被封禁。

现实的确如此，有些几百万、几千万粉丝的大号，视频上了热门而被封号、限流，甚至被约谈，就是因为随意触碰社会热点新闻，还对此盲目解读。

2. 迎合人们观看需求

我们做的视频时间要由短到长，先做30秒的，再做1分钟的，然后做3分钟的遵循从易到难的道理，不学会走路，怎么能跑得起来？同样，作为观众，也是先看短视频内容，再看长的内容。视频内容越长，制作越复杂，就会有更多的细节要注意。

3. 迎合抖音的算法机制

抖音上有一条热门视频"秋天适合看的电影"，当我们在构思自己的视频时，正好看到，也可以照猫画虎，制作一期以"秋天适合吃的蔬菜"为话题的视频，同样也可能上热门。因为秋天来了，我们皮肤开始变得干燥，这就需要补充维生素。怎么补充呢？很多人并不知道，但是大家看了你的推荐学到了知识，就会为你点赞，给你留言，大量转发这条视频，这样推波助澜，把你的视频推上热门。

同时，抖音还给我们提供了"精选"和"热门话题"的视频，有很多模范作品供我们模仿和学习。只要我们发布的视频迎合抖音算法，抖音就会给我们持续推荐流量。为此，我们还要把各个细节做到位，如图2-2所示。

图 2-2　上热门视频的四个细节

（二）四个细节

1. 标题

标题好比是视频的"眼睛"，标题怎么起，视频更容易被人点开呢？请记住以下几个细则。

第一个细则，标题是给用户看的，不要用太过专业的词语。比如，不要说你是CEO（首席执行官），可以说你是创业者。为什么不用缩写词汇呢？因为抖音上很多人并不知道CEO是什么。你要说大众一看就懂的话。

第二个细则，引导用户点进来。比如，有这样一条视频："秋天适合看的10部电影，你看过几部呢"。这个标题就有引导的感觉。当然，你也可以说："秋天适合看的10部电影，我保证你有一半没看过。"用户当然不信，就要点进来验证一下，这也是标题的引导。

第三个细则，字数不要太多，最好控制在15～20字，也就是一行半。为什么偏偏是一行半？因为抖音默认显示两行，另外的半行还要留给关键词。关键词就是"#"后面跟的内容。

比如，抖音经常发起一些话题活动，你选择适合的活动参加，加在标题后面，这样就可以增加上热门的概率。加两个活动也可以，但是不要超过两个，也不要去@抖音小助手，因为这样做没什么用。

2. 封面

封面结构要统一，背景色要一致，主标题的字要大且醒目，副标题可要可不要，但同样要醒目。

主页的背景默认是黑色，所以封面要照着黑色来做，做得好看一点，人们点开主页后，就容易关注你。

3. 背景音

背景音乐也建议统一，或者说同类的视频用同样的背景音。你可以花一些心思选一首适合的背景音乐，但不要为每一条视频选择不同的背景音。

4. 合集功能

合集功能就是把同类视频放到一个合集里面。如果你的一条视频上了热门，人们会看你整个合集的内容。能点进你的合集来看的人，往往都是"老铁"，你有10万粉丝，里面可能有1000个"老铁"，他们会收藏你的合集。

上热门是为了带动整个账号的视频内容，而不是为了一条，火一条是无法变现的。因为抖音算法是"动态赛马"机制，你的内容暂时超过别人，不代表你就跑赢了。

我们要坚持长期主义，每一条视频做完，团队要开一次复盘会议，把制作过程的优点和不足总结出来。每月要花一天的时间开一个深度的复盘会议，把这一个月的内容导出来，把数据全部统计出来，把对标账号的数据也拿出来深度分析。

那么，这些抖音数据在哪里可以找到？

在电脑上打开抖音后台，找到"抖音排行榜"，再找到"分类排行榜"，精细到音乐、美食、剧情、搞笑、二次元，还有汽车、旅游、体育、科技和财经等，找到对应目录，也可以用第三方数据平台来找。目光不仅要盯着热门视频，还要看优质但没上热门的视频。朝着热门视频的目标去制作，这样才有可能上热门。

记住，热门不是王道，流量不是王道，关注不是王道，变现才是王道。变现的前提，是抖音账号整体内容的质量，而不是上热门的单条视频的质量。

二、流量的两大增长方式

很多爱好学习的人，学习渠道已经从线下转到线上了。我发现不管是股权、商业模式、战略与定位，还是管理和组织等，这些线上课程要想得到更多人的关注与学习，关键还要看流量。有流量才有人气，我们的课程也才能帮到更多人；同时，我们企业的流量也可以增长，有增长就可以活下来。没有流量，企业怎么能增长呢？

最近几年，一些民营企业在管理上出现了很多问题，比如人才流失、经销商流失、财务资源流失、情感流失、文化流失等。这里所谓的情感流失，是指人与人之间的关系越来越不讲情感，只剩下赤裸裸的钱；而文化流失是指文化对企业发展越来越不起作用了。

文化本来就是企业最大的无形资产，文化只要变得弱势，就说明企业无形资产在流失。企业文化不强，任何人在公司都不会待得太久；人们眼里只认钱，而只认有钱的公司，犹如水中浮萍一样没有根，风吹过来就全部散了。文化是企业发展的基础，流量就是使命，文化保证企业做久，流量保证企业做大。

所有企业资源流失的问题，都是流量的问题。没有流量，一切都会流失；没有流量，规模不会增长，盈利不会增长，利润不会增长，各种问题就会接踵而至。就像蓄水池一样，如果没有新的水源流入就会干涸。

俗话说："穷人站在十字街头，耍十把钢钩，钩不着亲人骨肉；富人在深山老林，耍刀枪棍棒，打不散无义宾朋。"家庭也好，企业也罢，核心都是流量增长，增长才有希望。很多问题的出现就是因为没有流量，如果有流量就有机会持续增长，有流量很多问题根本不是问题，有流量人们就不会计较太多，但是没有流量，大家都没有钱赚，就会互相找碴。

流量的两个核心点，是可增长和可持续。如图2-3所示。

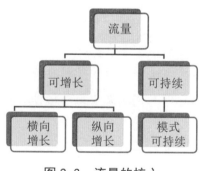

图 2-3　流量的核心

第一个核心点是可增长，流量增长的两种方式：横向增长和纵向增长。

（一）横向增长

企业流量的横向增长，是指产业集群的横向形成。

比如，腾讯公司员工福利好、待遇好，一切都很成熟。在这个成熟的基础上，还能横向发展：拓展新业务、投资新业务、找到新机会。

腾讯旗下的微信业务板块增长更猛，它不仅是一个聊天软件，还附带几个明显增长的业务。首先，公众号是微信的老牌功能，哪家公司不想做一个公众号呢？后来微信开发了小程序功能，哪家公司不想做一个小程序呢？哪种服务不需要小程序呢？有了小程序，很多APP都不需下载了。近来微信又推出视频号功能，这也是新的业务增长点。很多人开始看视频号，在上面发视频，发的人越多，流量增长就越快。

（二）纵向增长

流量纵向增长的公司，虽然规模不大，营业额不大，但是看起来非常有潜力，就像雨后春笋。很多打工人会主动选择这样的公司来发展。

在有发展潜力的小公司，晋升的机会多，拿到股权的机会也大。去成熟的大公司，虽然可以稳定发展，有很好的物质回报，但是发展机会少，晋升也难，很多岗位都是一个萝卜一个坑，只能等待机会，横向发展。当大公司把业务切分出去，成立子公司，或者成立分公司，这时增长机会还是很多的。

这两种增长型的公司，都会受到资本的青睐。站在资本的角度，他们投资的企业无非就是这两种。横向增长的大公司，一般更受风险投资青睐；纵向增长的小公司，一般更容易被天使投资或A轮投资者选中。

（三）可持续

第二个核心点是可持续。只有增长，模式不可持续也不行。有些公司踩准一个趋势或者风口，依靠"大树底下好乘凉"，偶尔拿到一个特别大的订单，一年能赚上亿元，但这种增长模式具有不可持续性。

例如，全国各省服务于中石油、中石化、中海油，以及中国电网的企业，个个体量巨大，但是几乎都无法上市，因为模式不可持续。

有一家叫鲁华泓锦的公司，服务于中石化，曾冲击过主板，却以失败告终。还有一些公司在创业板提交上市申请，同样以失败而告终，原因就是模式不可持续。

有一家公司叫四川华夏万卷，以书法为创意，从事书法教育产品开发和文化用品开发业务，这些业务主要依靠公司里的某一位书法家。这家公司的利润还是可以的，一年能有5000万元以上，但是业务不能持续。在互联网时代无纸化趋势的冲击下，最后没有上市。而且他们的利润主要靠吃学生的红利，如果没有学生课外书法需求，那么空间就更小了，模式更不能持续。

有一家公司叫老铺黄金，虽然在深主板提交了上市申请，但是在上市前夕被取消资格。老铺黄金主打收藏类古法手工金器，走高端路线，毛利率高达40%以上，但黄金流动性紧缺，公司需要大规模储备黄金，导致现金流短缺和长期负债问题严重。而且黄金珠宝这个行业在大众消费中竞争最为激烈，高端市场被国外高端奢侈品牌占据着；中端市场被几家"周"姓公司占据，比如周大福、周六福、周生生、周大生等；低端类的市场公司增长空间不大，模式不可持续，而且黄金这个行业走低端很难有出路。

还有一些公司，主业还比较稳定，但在横向发展的时候频频失手，反而拖累了主业。比如恒大地产的规模足够大，但它的模式是高杠杆，带来的是大泡沫。

其实，公司不分大小，要想发展主要看是否有流量，增长和持续是流量的两条腿，少一条都不能走路。

最后做一个简单的总结，作为创业者，不管你学战略、策略、营销、定位、领导、管理、股权，还是学商业模式，学习的目的就是为了能找到新的流量，带领公司设计可持续的增长战略。有流量才有未来，有流量才有希望。创业者的两只眼睛，一只要盯着可增长的地方，另一只要盯着可持续的地方。

三、妨碍流量增长的两大阻力

获取流量的两个核心是可增长和可持续，阻碍流量的要素也有两个，如图2-4所示。

图 2-4　流量的两大阻力

什么是流量的阻力呢？比如，我们在大海里航行，顺风时有无限的动力，而逆风时就有无限的阻力。我们不可能一路顺风，往往是顺风和逆风同时存在。掌握了顺境，也要克服逆境。很多时候逆境更容易让人成功。比如有些行业虽然不好做，没什么市场增长潜力，但你有流量就能在逆境中突围。

（一）定量

阻碍流量的第一个要素，是定量。

你可以这样理解定量市场，比如一条街上分别有三家理发店、三家药店、两家运动服店、一家奶粉店，这些业务基本饱和了。也就是说，不管用什么方式来促销，这条街整体的市场体量是不变的。

如果又多了一家理发店，其他几家店很快就生意少了，或者没生意了。同样，奶粉店（也就是母婴店）也是定量市场，主要服务于新生儿，只要再开一家店，另外一家店的生意就会减少。

其实，每条街都有一个市场生态，只要店面不合理，很快就关闭重新装修了。因为这是定量的市场，人们的消费相对固定。

比如，你家做饭突然没酱油了，你去楼下临时买一瓶，一般会选那种小瓶装的，而你会在附近的大型超市去购买大瓶装的，因为更实惠。而且每次是开着车去超市，把车停在地下停车场，一买就是满满一辆手推车的东西。你家的消费额是定量的，你们小区所有人消费基本都是定量的，这就是定量的市场。

定量的市场阻碍流量增长。同样原理，我们脱离小区再往大看，看一个大行业，看城市里的酒店行业。

例如，城市酒店每天的入住人数基本是定量的，周末人流量稍微多一些，平日稍微少一些。连锁酒店品牌如家出现时，它的定位不是星级酒店，而是定位为快捷连锁酒店。

如家出现并快速抢占城市的酒店市场，也抢走了其他酒店的生意。

很多出差人士只要住一次如家酒店，可能以后就不会选三星级酒店了，如家就是这样在定量的市场中抢走其他酒店的生意和流量。

随后，汉庭酒店也出现了，定位比如家的格调稍微再高端一点，汉庭酒店把四星级酒店的客源又抢走一部分。这样三星、四星级酒店纷纷关门，因为客源不足，酒店每个月亏钱。但是五星级酒店并不受影响，因为如家、汉庭并不对标五星级酒店，不构成竞争关系。

那么，如家、汉庭如何在逆境中找到流量，并在定量的市场中抢到流量的呢？它们砍掉了与住宿无关的东西，节省了成本，游泳池不要，大堂里的金牛不要，上面的吊灯不要，只要干净的床、干净的毛巾、干净的水杯，能快速上网，有简单早餐，这样就能吸引商旅人士。

快捷连锁酒店的流量密码，就是五星的床、四星的墙、三星的网、二星的堂。

五星的床：人们住宿不就是为了能舒服地睡一晚吗？床舒不舒服就非常重要，不能太硬，也不能太软，要那种慢弹力的五星级的床。

四星的墙：要保证隔音效果好，墙不能有异味，尤其是甲醛味。

三星的网：现在人们住酒店，哪能少了上网？看视频、刷抖音，都要快速的网。有些酒店的网不好，用起来还不方便，要想上网还得扫二维码，注册一些东西，连上网后还特别慢，最后硬是把客户逼走。其实无线网服务对于酒店来说非常重要，很多酒店的管理者就是不懂，非要折腾人。

二星的堂：酒店大堂不用太大，快捷连锁酒店又不是五星级酒店，要那么豪华的大堂做什么呢？

就这样，快捷连锁酒店把中端酒店的市场被抢走了。低端几十元住一晚的招待所有自己独特的流量，不受影响；高端的五星级酒店也有固定的消费人群，也不受影响。

我们通过上面酒店的案例，清楚了定量市场的流量如何争抢，就是"弱肉强食，我多你少"。

（二）变量

阻碍流量的第二个要素，是变量。

接上面酒店的案例来看，如家酒店出现了，汉庭酒店也紧接着出现了，导致其他一些酒店要么关闭，要么转型，纷纷变成了各种各样的快捷连锁酒店。最终的结果，是又一次把酒店行业拉回到同一起步线上，你装修我也装修，你加盟我也加盟，你打折我也打折，你简化我也简化。

于是，维也纳酒店出现，锦江之星出现，全季酒店出现，7

天、速8接连出现，这些连锁酒店的背后都有大集团和大财团支持。大家又一次把变量市场，变成了定量市场。

虽然你找到了新的流量入口，但是半年以后大家又赶上你，甚至超越你。可见变量和定量是经常切换的。整个市场的流量就是这样，在定量中寻求变量，在固定市场中寻求新的变化，在同样的实力中寻找新的模式。

比如，广州每年举办交易会期间，半个广州市的酒店都住得很满，而"广交会"所在地琶洲附近的酒店更是爆满。满到什么程度呢？不是房间住满就行。当你晚上在酒店睡觉，白天要在交易馆里，那么你的房间白天就处于空闲状态，在这个空闲状态中，房间还可以继续租出去，租给另一批人，这样酒店就能更好地被利用。这种模式，参加过广交会的人都知道。

还有一些交易会，比如文玩交易会，很多人直接把带来的文玩在酒店的房间里展示出来，内行的客户在房间里一看，就直接交易了。这就是新的流量市场，每一个细节都能导致流量的变化，只要多给客人带来一点麻烦，下次可能就不选你的服务了。

有人说："市场就是一类人躺平、一类人内卷，从而导致流量的变化。"这样的观点是最近两年人们的总结。换句话就是在定量市场中，20%的人选择躺平，不求进取；还有20%的人非常内卷，疯狂拦截别人的流量；剩余60%暂时保持不变，整个市场呈现

"262"模式。那么，你要变成哪一类人呢？

　　流量如逆水行舟，不进则退。定量和变量的运动过程中，还要提高执行力。当大家在一个层次上竞争时，最后比的是谁的执行力更好。

　　比如，你听了我的知识专栏，别人也听了。你听了有一些感悟，于是用一星期来想清楚方案，组织团队开会，制订了一些策略。

　　那么别人呢？当天晚上听到我讲流量，马上就把相关人拉入一个群，大家在群里展开讨论，定好执行、监督、支撑的人，再定好一些奖罚机制，第二天早会公布策略，把任务安排下去。

　　你说你和别人的执行力相差多少呢？差的可不只是一个星期的时间，很多机会过了一星期，流量可能被抢光了。

　　我们做流量既要正向思考，也要逆向思考，即使正面抢流量，也要防止被抢流量。在定量中寻求增长，在变量中寻找可持续增长。最后你会发现，可持续发展的公司，并不是一成不变的，没有人可以永远站在时代的先锋，谁都有上坡和下坡的时候。但是要记得，我们要对自己有信心，对外部环境要敏感，对数据要敏感，遇到风吹草动才可以及时响应。

四、流量增长的第二曲线

很多市场的商业流量已经饱和，不管你怎么努力，也难以找到新的流量入口。即使强大如腾讯公司的产品——QQ，到某一阶段商业流量也会停止增长，难以突破。这时该怎么办呢？答案就是寻找第二曲线，即寻找新的增长点。不是在原有的业务上（QQ）进行优化和升级，而是在第二曲线（微信）中拓展。

腾讯有一款主要产品——QQ，我们年轻时都用过，这可是青春的回忆啊！当初腾讯大大小小的业务都靠QQ引流，只要这些业务能在QQ面板上挂一个按钮，或者有一个链接，必定能做起来。但是近年来用QQ的人少了，很多人把QQ给遗忘了。你看，曾经如此强大的业务都会遇上流量瓶颈。

所以，并不是什么行业都有无限发展空间，不是什么行业都有无穷流量。QQ曾是世界用户数量第一的即时通信工具，都把握不住当下的市场，该怎么办呢？

QQ遇到发展瓶颈时，腾讯内部人员非常焦虑，高层连续开了几十天的会议，寻找新的商业流量突破点。后来明确了新战略，定下四大主业由腾讯公司亲自来做，主业之外让投资方来做。腾讯四大主业包括游戏、影业、文学、动漫，这是腾讯擅长的，本身有极强的竞争力。

比如，我们去电影院看电影，总会发现由腾讯投资的电影；在文学方面，腾讯把国内排名前几位的文学平台都收购了，变成公司新的流量增长入口。要知道，文学创作是影视制作的第一关，剧本是第二关，有了剧本才有第三关的电影和电视连续剧。

四大主业之外，腾讯还投资了上千家公司，这些企业的总规模赶上了腾讯的市值，再后来的投资总规模相当于两倍腾讯的市值。

在主业方面，腾讯扶持了第二曲线产品——微信。在微信之前，还有其他即时通信工具，比如飞信、米聊等，但这些产品都做得不温不火。

当时担任腾讯邮箱产品经理的张小龙，发现了这个市场的巨大潜力。他在凌晨2点给马化腾写了一封邮件，说想要做一款新的软件，完全基于手机的。没想到马化腾当夜4点就回复了邮箱，支持张小龙。

于是，第二曲线微信就这么萌芽了，之后微信1.0版出现。这一版的微信仅仅支持发文字、语音，用的人并不多。好在微信可以导入QQ好友，邀请QQ中未开通的人开通微信，通过导入流量，微信用户数量快速突破1亿，第二曲线做成了。

流量增长的第二曲线是基于创新的逻辑。业界大部分的创新并不是现有业务的不断增长，而是在中途用第二曲线来创新，这才是流量的核心。

商业流量的变化，主要经历了四个阶段，如图2-5所示。

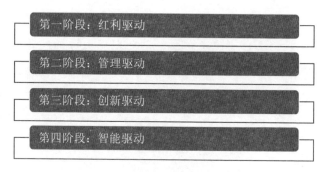

图 2-5　流量经历的四个阶段

（一）红利驱动

在20世纪90年代，谁能抓住空白市场，谁就能抓到红利。遍地都是机会，只要你有胆量，基本都能抓到机会；胆量小也不要紧，跟着胆子大的干就行，同样有机会。业界第一名不一定是第一个做的，后起之秀同样也可能成为行业龙头。

（二）管理驱动

在2000年左右，企业界引入职业经理人的概念，因为以前的创业者都是"泥腿子"出身，靠的是野蛮生长和胆子大。随后的市场发生变化，有胆子已经不管用，需要科学管理，要拼团队和执行力。

于是，当年最火的商业管理课程是"职业经理人常犯的11个错误""生产5S管理"和"赢在执行"。这个阶段哪家企业也离不了执行力，生产型企业更是离不开5S管理。

（三）创新驱动

又过了10年，企业不创新就"等死"，创新是"找死"。那么，到底要不要创新呢？当然要创新，绝处逢生至少还有一线生机。比如订票业务，只要不能在手机上操作，就等着消失吧！飞机票、电影票、各种优惠券统统"装"到手机里，绑定到微信，才有赢的机会。

我们出行时，从家门口到地铁口的2千米路程怎么办？打车太贵不合适，于是共享单车出现了，解决了短距离出行的问题。你会发现，共享单车并不是在自行车的基础上创新，而是基于移动互联网基础创新的，也就是"第二曲线"。共享单车这条曲线开始增长，也宣布自行车这个传统曲线走到尽头了。

以前打车，打的是绿皮的士。要打车的时候，站在路边等，可能等了半个小时也没有一辆空车过来；有时候路边停了几辆的士，闲在那里等生意。

后来，网约车出现了，客户只需要用手机叫车，把行程的起点和终点提前输入手机软件里，这样司机心中也有数，确定要不要接单。你再看网约车的创新，完全不是在的士的基础上创新，而是在互联网基础上的创新，这是两条曲线。

当一个行业的流量走到尽头，就要用第二曲线寻找新的增长。第二曲线不是在原有基础上优化，也不是在原有业务上增长，因为任何行业都不可能无限增长。

以iPhone手机为例，它是创始人史蒂夫·乔布斯在人机交互的基础上进行第二曲线创新的成果。如果乔布斯在功能手机这条曲线上创新，注定干不过诺基亚和摩托罗拉。当iPhone出现时，前面整体是一块大屏幕，和一个"home"按钮，外观干净简洁；后盖不能打开，不能自己更换电池。就是这样一款手机，当时全球卖了1亿部，甚至很多人疯抢却抢不到。

这个时候，其他所有手机厂商就纳闷了，手机没键盘，而且整个屏幕下只有一个按钮，怎么打字呢？结果怎样呢？曾经的老大哥诺基亚手机开始败退市场，并慢慢消失了。诺基亚首席执行官说："我们没有做错任何事，但不知什么原因我们输了。"

今天我们用的是iPhone14，甚至更新的产品，屏幕上的"home"按钮也不见了，整个手机正面就是一块大屏。当你用iPhone的时候，能想到这就是智能手机的创新，而不是传统像诺基亚这样功能手机的创新，因为这是第二曲线。

今天我们做产品也好，做服务也罢，如果找不到新的流量增长点，不妨从第二曲线的角度来考虑。

比如，今天我们刷抖音短视频，就要明白抖音并不是在优酷、爱奇异这些视频软件的基础上优化的，不是把长视频剪辑成短视频，而是从第二曲线的角度来做的。抖音第一代主打15秒短视频。虽然只有15秒，但是充满了惊喜和反转。后来主打60秒短视频，更长的内容，更多的剧情，更多的反转。但是优酷、爱奇异不是，即使把视频剪短了，和抖音也不在同一条曲线上竞争。

（四）智能驱动

随着时间的推移，未来几年可能出现第三条曲线，不是基于视频，而是基于智能，我推测在《中国制造2025》时实现，为什么这么说呢？

因为《中国制造2025》是我国在2015年5月提出的制造强国战略，是第一个十年的行动纲领。从2015到2025年，这十年里，制造业会有翻天覆地的变化，硬件全面升级，同样视频也会有全新的突破。这个突破，并不是由现有视频突破，而是在中国制造的基础上突破。

最后总结一下，流量总会枯竭，但是千万不要等手中没流量才去找新的出路，那时已经完全来不及了。我们要在流量饱和的时候，就寻找新的思路和出路。

五、带货变现的三个关键点

在线商业流量可以带来以下五大变现模式，如图2-6所示。

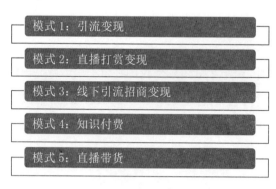

模式1：引流变现

模式2：直播打赏变现

模式3：线下引流招商变现

模式4：知识付费

模式5：直播带货

图 2-6　在线流量的五大变现模式

其中，模式2直播打赏变现和模式5直播带货是同时进行的，也就是说，你在卖货的时候卖得好还能收到打赏。

商品的利润，等于收入减去各种成本、费用、税金等，增加利润的途径就是开源节流。节流就是减少成本，但总是有限的，不能没完没了地减，减到一定程度，产品质量就保证不了了。

开源就是扩大生产规模，但也有弊端。生产太多会导致过剩，产品堆到仓库里。堆仓库还不算太可怕，更怕的是恶性竞争。当你扩大规模，提高产量，你的同行会不会跟进呢？当然会跟进，他看到你扩大规模，认为你抓住了商机，也开始扩大规模，最后你的产品统统过剩。所有公司的产品都过剩堆在一起，整个市场就过剩了。

比如，福建晋江作为全国最大的运动服生产地，厂家产品过剩吗？相当过剩。竞争激烈不激烈？相当激烈。虽然竞争激烈，但是生产线还不能停。生产停了，工人没有收入怎么办，工厂没法运营怎么办？难道等卖完所有库存商品，再去生产新的运动鞋吗？当然不能，所以过剩也得忍着，继续生产。有人估算，现在全国的运动鞋、运动服，哪怕停止生产，仅库存的产品也能供应市场10年以上。

为什么能积压这么多库存？因为没有流量，没有新的销路。10年前，电商是流量入口，淘宝、天猫、京东、美团等电商平台抢了传统生意的流量，传统的门店干不下去了。近两年，这些电商平台感觉到了"压力山大"，淘宝三分之一的商家卖不动商品了，因为店铺没有人光顾，没流量就没有销量。

那么，流量到底跑到哪里去了呢？跑到直播间了。

> 比如，某直播间一名女主播特别勤奋，几乎天天直播，每天至少播6个小时，每次直播带货的产品至少50个，所有产品都在她那句招牌的"五四三二一，上链接"中秒光。
>
> 她是某直播平台头部带货主播，淘宝的流量也往她这里倾斜。用户不去她的直播间，说不定会跑到其他直播间，平台上几个大主播几乎瓜分了全部流量。

京东平台的流量也在流失，流失到哪了？抖音直播间。比如，你在刷视频时，会刷到直播间视频，点进去一看，发现很多商品是你需要的。家里没酱油了，没洗衣液了，没纸巾了，正好在直播间碰到就下单买了。

还有一种情况，直播间卖的东西并不是你所需要的，但是优惠力度实在太大。比如，在24包纸巾的基础上，又送给你24包，这还不够，还送5卷纸巾，价格还是保持不变。你一下就心动了，买了囤起来。

综上可以看出，直播间的流量密码：一是拼价格，二是拼心跳。

直播间里主播不管用什么话术、什么剧本，都是想办法让用户心跳加快。所以你发现很多主播大喊大叫，因为绝大多数用户都是普通人，他们没多少财富，也不是中高产阶级，很容易被主播的情绪调动起来。

主播之间如何拼商品价格呢？一般来说，10万粉丝的主播能拿到一个底价，100万粉丝的主播又能拿到另一个底价，1000万粉丝的主播基本可以拿到全网最低价。大主播卖货价格低，才容易被人秒光。

大主播粉丝多，流量大。在抖音，谁有流量，谁就是王者；成为王者，就能获得更大的流量。有了流量，在别人眼中就是王者，但是王者不一定会变现。业界很多百万主播"大V"，空有百万粉丝，却不会变现，最后连自己都养活不了。

例如，B站有一位百万粉丝大主播，因为变不了现无奈退出，B站单方面发布该主播违约的通告。这位主播也主动道歉，说出原委："自己做内容很辛苦，但是变不了现。"

有一些人变现能力超强，而且能在变现中掌握更大的流量。如果这群人收割太厉害，流量差不多也到上限了。

流量不是王，变现才是王；个人品牌不是王，变现才是王。经营企业、团队，经营抖音所有的产品和服务以及所有的营销手段，都是为了变现，所有的动作都是为了把商品卖出去，所有的流量都是为了让商品更好地卖出去。现在依然是"会做的不如会卖的"阶段，所以流量才显得尤为重要。

商业流量如何变现呢？我给你以下实实在在的三个建议，如图2-7所示。

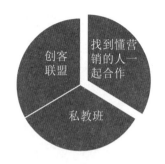

图 2-7　流量变现的三个关键点

（一）找到懂营销的人一起合作

比如，抖音里有很多书法家，他们负责写书法，旁边有一位主播帮他在营销。让主播只出声不出镜配合书法家，把作品一幅一幅地卖出去。

如果让书法家本人来变现，他是无论如何也张不开口的，因为术业有专攻，艺术家干不了营销的活儿。

这就是第一个关键点，找到懂营销的人一起变现。

（二）私教班

私教班就是把自己的认知变成知识，把知识变成课程商品。

很多主播在流量很一般的时候就开始变现，通过变现把流量不断做大。

（三）创客联盟

创客联盟就是几个创业者联合起来，抱团发展。这个策略不要用传统方式来思考，传统的合作一定会出现"一山不容二虎，一个舞台不容两个主角"的现象，最后难逃"只能同患难，不能同富贵"的宿命。

创客联盟是在第二曲线基础上运行的，之所以叫联盟，是要区别于MCN公司。MCN是网红运营机构，运用这个模式总是会出问题。比如，李子柒、浪胃仙等网红，不仅与所在的MCN公司闹别扭，还打了官司，只可惜了这么大的IP，这么强的盈利模式。但是，业界也有合作楷模，如沈腾。这就是MCN公司和创客联盟的区别。

MCN公司与艺人合作，本质上是雇主与雇员的关系，在品牌归属上分得很清。李子柒是一个有才华的女子，她当红的时候和杭州某公司合作，这家公司拥有"李子柒"这个品牌，最后双方有矛盾了，导致"李子柒"账号一年没有更新。

浪胃仙是另一种情况，他是MCN公司看中的人，公司包装他，把他打造成拥有3000万粉丝的大网红。然而在"浪胃仙"这个品牌归属上也出了问题，最后只能打官司分开运营。

以上显示了MCN公司的弊端。

沈腾和开心麻花的合作，是互相创造的创客联盟的关系。沈腾是开心麻花"一哥"，他没有开心麻花的股份，但是他做的事情，包括拍的电影、上的综艺、产品代言等都与开心麻花以合伙公司来合作，既保证双方的利益，也避免出现矛盾冲突。

为什么叫联盟呢？因为开心麻花不止有沈腾这一位明星。平台上有多个沈腾，把他们放在一起，就像一个联盟一样。这样的创客联盟概念，你也可以理解为英雄联盟。

还是那句话，流量不为王，变现为王；变现也不是王，分钱才是王。钱多的时候，名气大的时候，创始人之间总会闹一些矛盾，最后弄得两败俱伤。所以我们要有前车之鉴，提前把钱、权、名、利分好。

我讲股权课程15年，见过太多品牌产品和盈利好的公司，最后因为股权问题毁于一旦。没钱的时候大家相安无事，一旦有了钱总是分不好。要明白，股权分配并不是拿母公司的股权分来分去，而是成立不同的公司分配不同的收入。这个方式不是MCN公司的雇主与雇员关系，而是专门激发高手能力的创客联盟。

六、流量"2.5阶段"的变现结构

直播带货是一种商业流量的变现方式，其本质就是商品交易结构改变了，卖货的方式改变了。

卖货方式的升级换代，有以下几种版本。

卖货方式，从1.0版本开始。厂家卖给省代，省代卖给市代，市代卖给区代，区代铺货到商铺，商铺再卖给用户，这样把货一层一层地铺下去，价格一层一层地加上去。出厂价1.2元的商品，卖到消费者手里，可能变成20元。

进入2.0阶段后，厂家的产品直接放在电商平台上销售。平台直接面对消费者，砍掉了省代、市代、区代的层层加码，但这个方式对于消费者来说价格没什么变化，也没有省钱。直到拼多多的出现，才把价格拉下来。

现在进入了2.5版本的交易阶段，变现也是2.5版本的变现。为什么不是3.0，而是介于2.0和3.0之间的版本呢？原因很简单，厂家和用户之间还不是点对点的交易，还有中间商和平台。

3.0版本是实现点对点的订制模式，用户需要什么就订制什么，用户下单，厂家变现。对于用户常用的东西，都可以以年度为单位来订制，实现供需平衡，这是未来实现的商业模式，而2.5版的商业模式就是当下主流的模式。

比如，某卖二手车的平台，喊出的口号是"没有中间商赚差价"，但是它自己就扮演着中间商的角色，自己赚差价，每一次交易要收取买家9%的服务费。

其实，中间商的存在也是很有必要的，并不一定非要取代。只不过中间商要摆正立场，既然自己是个平台，就不要左右逢源，欺诈用户，老老实实赚自己该赚的服务费，大家也乐意在上面消费。偏偏现在有的中间商左手掌握货源，右手掌握用户，互相欺诈，变成人人讨厌的模式。所以，这样的模式不能称为3.0交易结构，而是2.5版的交易结构，而且还有很多需要优化的地方。

中间商如何提供服务呢？如果中间商是网红个体，就用直播方式来带货，这个模式就是直播电商。如果用户主动搜索产品，找到厂家店铺下单购买，这就是搜索电商。其实找到的这家店铺，可能是一家贸易公司，并不是厂家，因为厂家真的不擅长做营销，只会生产。如果用户刷抖音，顺便买了物品，这就是兴趣电商。抖音电商负责人说："兴趣电商是人们对美好生活的向往。"其实兴趣电商的原理同样简单，人们手头有点紧，买的都是生活必需品；而当人手头很宽裕，买的不就是兴趣吗？

不管是搜索电商、直播电商，还是兴趣电商，都有一个中间商。在近几年，有的地方极小范围内出现了"以物易物"的交易方式，比如用可乐换酱油、酱油换火腿肠等，这种方式不是未来的主流，也不是3.0版的商业。因为3.0版的交易不是取代中间商，而是提高服务，节约用户的时间。取代中间商是第一曲线的思考方式，节约时间是第二曲线的思考方式。

如果中间商能给用户收集全球最好的商品，分门别类地放在一起，按低档、中档、高档、奢华四个阶段呈现，明码标价，把进货价都标出来，然后增加5%的服务费，消费者毫不犹豫地就会买。

消费者从来不在意价格增加的5%，哪怕提高15%也不在乎。这些年消费者被中间商的各种套路哄骗，被各种口号洗脑，被各种不透明机制伤透了心。像现在一包薯片，包装比以前更大，但里面的薯片更少了，这就是套路。

中间商全球选品，层层优选，给用户节约大量时间，这就是2.5版的价值交换和流量变现。不要以为从厂家订购就好，你只买一条毛巾，联系厂家，厂家会做你一条毛巾的生意吗？你真的知道你需要什么样的毛巾吗？难道你不希望看看其他用户对毛巾购买的体验，看他们拆箱，看他们做横向比较吗？中间商收拢大量厂家，给你大量的选择，控制厂家的品质，挤掉厂家的水分，如果不满意还可以轻松退货，不用看厂家脸色，这难道不好吗？

> 比如，过去我们打车，上了的士后，司机会绕路，我们能怎么办？只能忍，哪有时间和他耗。后来有了打车软件，一切交易基于手机互联网，一切创新基于第二曲线，通过软件打车，节约了我们的时间，你说这样的中间商好不好？

中间商是好，只不过很多中间商做大之后就开始走蛮横路线了。如果没有相关部门监管，市场就会被这些中间商控制了。

那么，如何对2.5版本的结构进行变现？如图2-7所示。

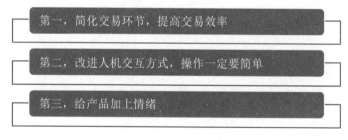

第一，简化交易环节，提高交易效率

第二，改进人机交互方式，操作一定要简单

第三，给产品加上情绪

图2-7 2.5版的变现结构

（一）简化交易环节，提高交易效率

比如，我们用APP买东西，扣款、回款、退款越快越好，越简单越好。因为商业本身带有焦虑，所以做得简单，用户体验感才可提升。

（二）改进人机交互方式，操作一定要简单

用户在平台上买东西，界面设计得却像迷宫一样，这就失去了购买的乐趣和意义。以前某些订票的中间商故意这样设计，自动勾选很多不知名的费用，用户一不小心就会被坑。几年时间，他们用这套路套走人们上百亿元。现在的抖音直播间，购买很简单，点击小黄车直接购物，还不影响看直播。而且现在的直播很流行秒拍，界面太复杂就抢不到了。

（三）给产品加上情绪

不同产品能传递不同的情绪，低端产品传递快乐，乐呵呵地让消费者快乐消费；中端品牌传递温柔，满眼都是宽容，能让中产阶层与生活和解，让中产阶层感受生活之美；高端品牌要带点伤感，站在道德高点，悲天悯人，产品的设计方面，要让人快速看到锚点，也就是不用大脑思考的那个点。让人们看到你的产品，一眼就能产生情绪。

如果产品走低端路线，那么要在产品定位中加上"省"钱的省字。在海报设计上，展现产品，体现省钱。比如纸巾海报，24包纸巾堆成小山一样，看上去就省钱。

如果产品走中端路线，要强调档次，定位"专业"，在海报设计上加上专业的东西。比如中档纸巾，海报就不要再堆放大量的纸巾了，可以放一个人的侧脸，加一张纸巾。全是特写，展现专业。

　　如果产品非常贵，就在低调的同时突出文化，展现"大师级"。用暗沉的背景，一个深沉的形象，一看就很高贵。比如华为联名款手机，用过的朋友都知道，还有奔驰汽车、慕思床垫都是这样的锚点。纸巾是日用品，是快速消耗品，不适合走高端和大师级路线。

　　那么现在，你的产品定位哪个档次，脑中会不会浮现相应的锚点，有没有相应的定位，有没有相应的设计海报？如果你过去没有，现在就照着这些变现思路去做吧！

七、经验汲取：从0到1的知识变现

我们手机里安装的各种软件，其中用户最多的是哪一款？微信。用户数量排行第二的是什么？抖音。抖音用户已经超过8亿，但是人均使用时长远远超过微信，这就是抖音的流量。

只要人们闲的时候，就会看抖音，一看就是两三个小时，甚至能看更长时间。用户多，使用时间就多，那么流量和机会也最多。很多人说现在赚钱要上抖音，抖音给的回报率超过其他所有创业机会。但是我还是劝大家尽量自己分析，保持头脑清醒，不要轻易听信别人，尤其不要听关于创业的事。因为创业这件事情很好，但做的人多了，竞争也大。抖音里网红很多，他们的资源真有点呼风唤雨的感觉，经常用一场直播创下上亿元的业绩。这个业绩放在传统行业是不可能的事，想也不敢想。

我们要分清抖音上的两种网红：一种是"原住民"红人；另一种是"移民"红人。"原住民"就是在抖音出现时就在上面开始玩了，尝试着拍视频，换风格，找人设，然后一步一步就红了；另一种是"移民"来的红人，比如明星，他们本就是红人，只是多开一个抖音号进来抖音。早年的明星，粉丝基本上千万；今天的明星再进来，粉丝难上千万，因为抖音上的明星已足够多了。

你要时刻保持清醒头脑，看看在抖音上如何赚钱。你会发现，其实所有赚钱的人都有过艰辛的历程，成功哪有那么容易？

例如，你敢相信有人在抖音上讲驾照知识走红的吗？你敢相信有人在抖音上学习驾照知识吗？其实当你进入直播间就会发现，一部分人是真进来学习的，大部分拿到驾照的是进来看美女主播表演的。这是最简单的知识变现，讲好知识，获得赞赏。

有一位教钢琴的老师，他的直播内容就是弹钢琴。他如何变现呢？弹钢琴要有技术，要先把技术变成课程，用课程来变现。所以他先做了一个普及版课程，一共9节，讲讲钢琴的来源、钢琴名人、钢琴对孩子教育的影响等，定价9.9元。就这样一个课，也卖了接近10万元。还有一个钢琴进阶课，专业性较强，有100节内容，定价99元，课程是讲100首钢琴名曲的弹奏技术，这个课一个月卖了近1万份，收入差不多100万元。线下普通钢琴老师，哪能做出这样的成绩？

有人说："我要是有钢琴技术，也能做到这个成绩。"可问题的关键，你没有这么专业的技术。我告诉你，不用担心，没技术的人照样可以用知识变现。

例如，广州有一家做砂锅粥的老店，它在抖音上是如何变现的呢？如果让店长讲解如何做粥，他马上就会紧张，而且粥也不是讲出来的，是做出来的。于是他架一部手机，选一个角度，直播熬砂锅粥的过程，很快直播间吸引了上千人观看。店长看着来了这么多人，就兴奋了，开始讲这个粥的故事，谁知直播间人数一下就掉下来了。

大家就是喜欢看他这种忘我的工作状态，看他专注的感觉，而不是想顺便学习一下如何熬粥。熬粥不仅是工作，更是一种享受。后来他找到感觉了，在关键步骤上做一些讲解，比如放多少水、熬多长时间。后来还培养出一些铁粉来，铁粉经常刷屏，让他把锅的链接挂上来，把米的链接挂上来。

店长想了一下，感觉砂锅没什么好卖的，一口砂锅少说用十年，用好了一辈子坏不了，而且这个东西也没什么利润，干脆录制一个熬砂锅粥的课程，教大家如何居家熬出20种粥。这20种粥其实就是他店里菜单上写的粥，这内容无非就是他的日常工作，然后就这样变现了几十万元。

这时又有人说："我连熬粥都不会，手里没有技术，更谈不上用技术变现。"这也正常，抖音里没技术的人肯定多过有技术的。

例如，抖音里有很多人在直播间卖手机号，他们不是直接卖产品，而是在直播间播放经过授权的经典连续剧，看剧的人非常多，也非常稳，哪怕夜里12点，人数依然能保持在1万左右。你说这样的直播间变现能力有多强？一个月能有60万元，平均一天2万元。这靠的不是手里的技术，而是授权的技术。同时卖的这个手机卡有4连号、3连号，这样的号还是比较好卖的。你说这个变现靠的是个人的技术吗？不是，靠的是坚持。

有的人说："直播间里播放连续剧有人看，上万人也不稀奇，我也经常在上面看剧。"我再告诉你，有一种直播间，人数从来不过百，但每个月照样变现几十万元。

例如，某抖音号卖汽车，是二级经销商，不是原厂。其直播间就是在4S店里介绍汽车，轮班来介绍。直播间人来来往往，这个账号通过线上展示、线下预约看车，差不多隔一天成交一台车，这销量稳稳超过线下销售。因为看汽车直播的人一般都是准客户，是真心想了解车的。后来直播间换了一个模特身材的美女来直播，一天可以成交三台车，一个月卖车超过600万元。香车美女，从来都是绝配。

直播间卖手机号的、卖汽车的有流量，这都好理解，还有讲财务会计专业知识的，你说会不会有人看？

依然有很多人看，因为全国中小民营企业很多，创业的人很多，家家离不开财务，所以直播间学财务的人就有很多。其实我告诉你，如果你讲更加普及的家庭财务和个人财务的知识，听的人会更多。因为全国有几亿个家庭，家家需要普及财务知识。只不过抖音平台会限流理财的内容，因为太多人打着理财的幌子在骗钱，但是这个赛道的变现能力很强。

案例太多，给大家总结一下。抖音有10亿用户，有人边看边琢磨自己怎么变现，有人就是单纯看着娱乐。有人可能会问我："如果我想通过知识变现，不会讲课怎么办？"

我告诉你，其实大部分人都不会讲课的，只要对着镜头讲，马上就会紧张，表情都是僵硬的。但是对着镜头分享，直播自己原本的工作就不会紧张，反而会有点享受。把这些直播内容后期剪辑出来，变成课程，就可以变现了。真实的内容，人们也愿意看。做美甲的、做睫毛的都可以直播，一边直播一边讲解，如果有一次灯光没打好，有一句话没讲清楚，再重讲一遍就行。工作是天天进行的，直播也是天天进行的。今天和明天的内容，可以拼接在一起，变成完整的课程。这样的课程定价低一些，还可以为线下店面引流，线上线下两头赚，何乐而不为呢？

抖音上任何品类基本都可以做成课程来卖。通过经验汲取，实现从0到1的知识变现。把你的生活做成课程，满足别人的需求；把你的兴趣做成课程，满足别人的好奇；把你的专业做成课程，解决别人的问题。

第三章

人群
流量

很多习惯于传统店推广模式的商家，在抖音的影响力日益扩大之后，将其视为一个具有某种威胁的竞争对手。不管每个人的看法如何，抖音推广的优势与商业潜力已十分显著，必将迎来各行各业的运营者。

一、"海陆空"三位一体的流量模式

流量有以下三大特征，如图3-1所示。

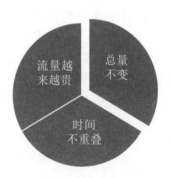

图 3-1 流量的三大特征

第一个是总量不变。用的人多了，每个分摊的流量就少。你家店里人多，其他店人就少；你在淘宝买了电视机，就不会在其他平台购买。

第二是时间不重叠。我们每天玩手机，不管玩多少小时，站着、坐着、躺着玩，还是点菜、等菜的时间玩，总时长是一定的，如果你在微信朋友圈多玩了10分钟，那么你看直播的时间就减少10分钟。

第三是流量越来越贵。三年前花1万元投放广告，投到分众传媒，差不多能收到3万元的营业额；今年花3万元广告费，最后不一定能收到1万元的营业额，因为竞争更加激烈，流量更加分散，流量更不可捉摸，所以花的钱更多了，赚的钱更少了。

以上这三个特征，是从用户角度来看的。那么作为企业主和运营流量的人，如何抢到流量，为未来流量变现打好基础呢？这就要建立一个立体的流量模型，营造"海陆空"三位一体的流量模式，才可以应对当下。

"海陆空"三位一体的流量是什么？如图3-2所示。

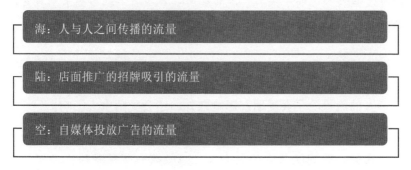

图 3-2　"海陆空"三位一体的流量模式

（一）海的流量

海的流量主体就是你我他，流量的价值在于熟人之间的分享和转发。这些转发都是真人真分享，把自己使用产品、体验服务的感受分享出去。现在人们不喜欢看广告，而是喜欢看别人分享。不管是吃的、喝的、玩的、用的，都想看一看别人实际的评价。

比如，新手机上市到底好不好用，值不值得入手，很多人都是先看别人的测评，再决定要不要买这部手机。吃的也一样。有一位吃货朋友，晚上在朋友圈发了一句话，配了九张图，说："东环路上有一家烧烤店，味道简直好得不要不要，点菜时一定要少点，店家给的分量很足。"你看到以后，点了个赞，记下了这个店。

过了一小时，你看到朋友圈上面有一个数字。为什么有数字，你点赞了，别人也点赞了，微信会提醒你点赞的数量，但凡你们共同的好友，都能看到这些点赞的信息。点赞越多，这个分享的力量就越大。你想想这一条朋友圈，会为这家烧烤店带来多少流量？至少2000元的营业额。因为喜欢吃的朋友、点赞的人都可能过去吃一下。

人的流量除了会受朋友影响之外，还会受陌生人影响。

比如，你想吃正宗的湖南菜，想挑战一下那种辣得"冒烟"的饭，但是朋友并没有推荐，怎么办？只能看陌生人的评论了。于是你打开了大众点评，搜索湘菜，看人们的评论，然后选定一家口碑很好、价格公道的店面。这就是优质流量的来源，源于人们的评论。

抖音里也有视频探店，会把店里消费的场景拍下来，这样效果就更好了。很多店长也在视频中露脸，只要这条视频在网上曝光，店长基本不会坑人，人们也会放心地过去消费了。

（二）陆的流量

陆就是陆地，指的是门店的流量。门店的流量竞争是最大的，因为来了你的店就不会去别的店了。但这个流量的价值最大，能抢到一个，就是一个消费者。

如何抢到陆地的流量呢？一是做好购物体验，二是做好分享体验，三是个性化服务延伸。

例如，有一家做户外用品的商店，产品是登山装备、帐篷、绳索之类的东西。这家店面陈列的东西并不多，只占店面的三分之一，还有三分之二怎么办？该店做了一个体验场景，是一个缩小版的探险景点，有漂流池、攀岩墙、救生艇，让用户去体验产品，感受产品的效果，然后再决定是否购买。很多户外运动爱好者体验过后，就会买一套回去。

日本有一家书店，把个性化服务做到了极致。这家店名叫茑屋书店，是近年来少有的盈利书店，而且还变成了人们打卡的书店。上海也有一家茑屋书店，位于长宁区，营业面积有2000多平方米，给人的感觉不像书店，而像一个文化空间、生活空间、社交空间。在这家书店，书是引流的产品，盈利的是沙龙和画展。书店还会销售咖啡和简餐，同时还摆放很多限量款商品，这些商品只有店面有销售，网上不销售。你想想青少年听到"限量款"三个字，会不会心动？

其他书店拼命增加书，拼命打折，心思放在书上面。有这样的心思，店面就很难生存，用户流量也很难留存。互联网和手机分散了人们看书的流量，现在人们不喜欢买书，就是往前推5年，人们也不喜欢在实体店买书。

茑屋书店给我们的启示是：书是引流点，不是盈利点。很多书店的主人并没有看懂这个模式，总想着靠卖书来盈利。但是超市主人看懂了，很多超市一进门会有一个专区摆放很多书，专门给儿童看。当父母带着孩子逛超市，只要孩子能专心地看书两小时，父母保证能买一车物品，书能不能卖都无所谓。

现在机场很少看到书店，除了少量的中信书店，其他书店都以电子产品、休闲产品为主，书变成了"配件"。这就是地面的流量方式，要弄清楚什么是引流点，什么是盈利点。

（三）空的流量

空的流量就是你的粉丝。你有多少粉丝，就有多少空中流量；你有多少铁杆粉丝，就有多少核心流量。知名的科技观察家、未来学者凯文•凯利认为，一家公司只要有一千个核心粉丝，足以做成大事业。空中的流量最容易获取，只要我们在主流的平台上做好内容，投一点广告，总能吸引用户过来。但是空中来的流量要留存下来，却是个大问题。

很多人想把公域粉丝吸引到私域中，这些私域流量存放在哪里呢？以前的私域是加到客户关系软件里，但那个软件是死的，无法互动。现在说起私域流量，基本没人提到CRM（客户关系管理系统）软件了。那么，现在私域加到哪里了？

有两个地方，一是加到个人微信里，二是加到企业微信里。加进来以后，你要经常和他们互动，不要频繁发广告，要抛出好玩的信息，给出优惠券，让关系保持下去。不互动也无所谓，只要用户不退群，不删除就可以，他们会用你的优惠券来消费。餐饮巨头肯德基、麦当劳已经先知先觉地做私域流量了，把空间流量截流到自己的私域中。

最后，我们要把"海陆空"流量综合用在一起，互相导流，并且让用户快速流通。比如，总部做品牌吸引了流量，再把流量导到门店。门店做服务，用户过来消费，这不就是流量变现吗？用户消费时总有转介绍，有二次消费，把新用户的信息，再导入到总部的流量池。这样互相导流，门店的用户越来越多，总部的数据越来越丰富。随着总部的流量丰富，就能拿到更上层的流量，也就是资本的流量。资本离我们很远，但有了流量，资本就会远道而来，出现在我们面前，因为投资人也非常需要有流量的企业。

二、流量的三大进化阶段

当今是互联网的时代，新零售兴起，流量思维盛行。那么，依托流量的互联网企业是否可以打遍传统企业无敌手呢？恐怕未必。

比如，在众多超市中，河南省许昌市的胖东来超市有着很高的美誉度。2023年正月初一至初六，胖东来天使城店平均每天有10万人次的客流量。市民想逛胖东来，商城竟然还要限制客流量。胖东来在零售业独树一帜，许昌地处中原腹地，胖东来的影响力却覆盖整个中国商业界。

为什么在当地没有一家超市能打败胖东来？别说是打败，能在这里生存下来就不错了。在网络社交媒体高度发达的时代，胖东来彻底火出了圈，其到底凭什么？堪称"细节狂魔"的胖东来，凭借众多服务细节和"不满意就退货"以及"七日内补退差价"的承诺，俘获了顾客的心。

传统行业要向互联网行业学习流量思维，互联网行业也要向传统行业学习流量思维。"海陆空"三位一体的流量，只有先后，没有好坏。不管是服务客户的企业、开门做生意的门店，还是自媒体做内容的个人，都要学习流量思维。

有流量才有品牌，品牌打响时，也会吸引流量。品牌有大小，流量也有大小，大家各取所需。大品牌要维护现有的流量，不被新生代品牌抢走流量；中品牌要抢到流量红利，快速做大；小品牌要抢到自己独特的流量，在夹缝中闯出一片天地。

那么，各类横向品牌如何吸引流量？如图3-3所示。

大品牌：打造上下级关系，品牌是上级，消费者是下级；上级说什么都对，下级听就对了

中品牌：打造朋友关系，给足面子，给出友情价

小品牌：打造亲戚关系，套近乎打感情牌，给人一种感觉，"大家都是家人，我不赚你的钱"

图 3-3　横向品牌吸引流量的方法

比如，打开抖音卖货的直播间，看主播带货是不是这样的情况？卖低价产品的喊着："家人们，这个纸巾29元，给你24包，再给你12包，怎么样？还给你5包湿纸巾，快来抢，我已经把价格给家人们打下来了！"

这些主播称呼粉丝为"家人"，就是在打感情牌，哪怕是按剧本卖惨，和助理吵架，还是真的像家人。

如果产品价格稍微高一些，像卖吹风机、脱毛仪、美容仪等，主播会站在朋友的角度给你介绍，不会在价格上纠缠。而且这类产品只要没有真正需求，人们一般不会下单，这不是让人囤货的产品。

比较高端、价格比较高的产品，主播带货时是上下级的口吻。比如在华为直播间、小米直播间、SONY直播间，主播讲起产品不叫不喊，说得不咸不淡，就像上下级关系，讲完一款产品，告诉大家在一号链接，紧接着便开始介绍电视，在二号链接，然后一款一款介绍完。价格也没什么优惠，这就是流量区间。

什么品牌抢什么流量，什么人群抢什么入口。找对入口，所有的努力都不会白费，都会转化成流量。找错入口，你的努力都会化为泡影。比如一栋住宅的房价1000万元起，那么这个楼宇的广告，肯定是配套的品牌。如果产品不配套，广告费就白花了。

什么品牌也要配合相应的包装，产品包装也是流量的一种入口。人靠衣装，产品靠包装，摆在货架上比的就是谁的包装更好。小品牌要用鲜亮的颜色，要多做几个版本，摆在一起让用户第一眼看到，而且还要经常换包装。不换包装，未必撑到明年；换了包装，可能成为现象级产品。

比如，大品牌可口可乐都不停地微调包装，何况是小品牌？

但可口可乐包装的神韵不变，波浪线的超级符号不换。NIKE鞋的包装也是不断在变，即使变得厉害，消费者也不一定买账；但某一年的新款却可能变成现象级产品，有人会把一个批次的鞋全买下再倒手卖，变成另类的流量生意。

日化品牌海飞丝核心定位不变，就是去屑洗发水，但是它的广告代言人不停地换，谁红就请谁代言。

大品牌要维护好自己的品牌，流量不要被抢走。但即使大品牌花费大量心血和大量金钱，流量还是经常被抢走。比如近几年，新国货品牌花西子、完美日记，就抢走了很多大品牌的市场。

流量会受到很多因素的影响，定位可以影响流量，包装可以影响流量，代言人可以影响流量。尤其是代言人，只要代言人年轻化，品牌也能跟着年轻化。品牌代言也有讲究，不一定非要是真人，虚拟人物也能代言。比如，游戏里的人物同样可以代言，这是新的流量入口。

横向的品牌，有小品牌、中品牌、大品牌，它们有各自的流量密码。纵向看看品牌，不同阶段也要用不同的方法来抢流量。

比如，某平台"帮我砍一刀""9块9包邮"这种引流方式看起来很低端，但全国至少有6亿消费者很认可这一套。在"北上广深"一线城市工作的人群当然瞧不上这些，他们会玩什么？机器狗。可以简单地对话，你喊它一声，它就跑过来了。但是这样的产品，那些"9块9包邮"的用户根本不认这一套，对他们来说，这很无聊。

任何品牌会经历由小到大、由大到无的变化，同时还会经历以下三大阶段，如图3-4所示。

第一阶段：无利期

第二阶段：暴利期

第三阶段：微利期

图 3-4　品牌进化的三大阶段

第一阶段，品牌一开始都是无利期，投入与收获基本持平，旱涝保收。

第二阶段，进入暴利期。产品会变得供不应求，然后扩大规模，增加人员，有可能上市。但是铁打的需求，流水的企业，除了垄断企业，任何中小企业的暴利期都很短，能享受三年暴利就不错了。

虽然可以继续享受三年暴利，但结果可能出现什么事？创始人膨胀了，不是接受杂志采访，就是拍杂志封面，挥霍无度，甚至沾惹坏习惯，很快会让企业陷入平庸。最终企业进入第三个阶段微利期。

那么每个阶段该如何做流量？

无利期的流量会走四个进化：产品专业化、专业差异化、差异传播化、传播情怀化。产品只有专业，才能在市场上立住。专业是基础，但不一定有流量。在专业的基础上寻求差异化，弄出一些差异的效果或特别的话题，才能吸引流量。

　　比如，某新国货品牌靠专业崛起，但在专业基础上又打造国风的设计，这样的设计吸引谁，卖给谁呢？当然是"直男"。直男看到这样的产品，眼睛就亮了。买了送给女朋友，送给老婆，而且过年过节还会经常买，这就变成了一种情怀。

　　找到差异化，产品就能迎来暴利期。暴利期要守住流量，稳中求进，继续开拓新的流量。因为所有暴利期的产品都有点收"智商税"的感觉，有点"割韭菜"的味道。所以要稳中求进，因为你红了，里里外外都会被人盯着。处在暴利阶段，你的竞争对手会全方位对你下手，不仅会搅乱你的市场，还会挖走你的人才。因此，不仅要守住外部的流量，还要守好内部的人才。

　　很多企业主很会做市场，但是不会守市场。"打江山易守江山难"，会营销却不会管理，最后只能把手中的市场拱手相让。所以暴利期要两手抓，一手抓市场流量，一手激励团队。不仅得流量而得天下，守住人才也很重要。可以用股权、期权、分红，以及晋升机制，把人才留住。不然人才失守，流量也会失守。人才流失，经销商资源会流失，终端门店的关系会流失，还有很多社会资源会流失。两手操作都要出色，才能让暴利期持续时间长一点。

　　第三阶段，企业进入微利期，这才是企业的常态。暴利之后必定进入微利期，没有任何企业能逃过这个宿命。暴利期让企业在快速上升的阶段进化成大品牌，同时也让企业获得融资和现金流。暴利期不是让人膨胀和挥霍的，而是让人在进入微利期之前，把水平提升上去。

创一个品牌有多难，让一个品牌消失就有多容易。

记得20年前，每年都有一个非常暴利、风光，然后在暴利中快速消失的品牌。20年后的今天，每个月都有一些强大流量的品牌，下个月忽然就不见了。同时，还有一些个人突然蹿红，红遍自媒体，下个月又不见了。你说品牌消失得快不快？所以，我们要珍惜来之不易的流量和机会。

现在很多大品牌第一件事是活着，在活下来的基础上，做出流量的创新；中品牌要做好定位，成为现象级流量池；小品牌以及小网红，不要真把自己当网红。网红根本不是流量，而是实力。

三、创造流量的五个源头

其实，获取流量相当容易，不管做传统行业还是从事互联网行业，人们总有一些获取流量的手段，比如在街头发传单、让人转发朋友圈等。但是流量如何变现，很多人想一年也想不明白，甚至抖音很多百万粉丝"大V"都不会变现。流量变现就那么几招，基本一学就会。

流量获取的方法有很多。在实施的时候，你花了多少心思，用了多少钱，有没有团队配合，能不能静下心，最后都会影响到流量的获取。

比如，我们都知道抖音发好的内容可以获得流量，但视频拍摄时有很多细节大家知道却做不到，最后获得的流量千差万别。

再比如，大家都会开拓客户，还有很多人外出创业，但是这些人很难把客户变成战略合作伙伴，他们只会敲门搞关系，而高手会和客户十年如一日地合作下去。

获取流量一学就会，一做就废；变现一学就会，不学琢磨不来，这就是两者的关系。创造流量主要有五个源头，如图3-5所示。

图 3-5　创造流量的五个源头

（一）内容流量

内容流量就是你做的具体事情，不管是卖产品还是做服务，不管是线下还是线上，统称为内容。内容是企业生存的基础，是立世的根本。

经营内容流量，要学会借力。借谁的力？先借你另一半的力，再借家庭的力，然后找同学、同事、战友借力。先把周边的人变成流量，再借节日的流量，借政策的红利，借时代的势能。不管你做什么，如果跟端午节没关系，和中秋节总有关系吧；和中秋节没关系，和春节有关系吧；和春节没关系，和劳动节总有关系吧。我们国人都喜欢节日，没有例外。

（二）会员流量

日常生活中，会员并不少见。随便去一家理发店、美容店、健身房，店员都会喋喋不休让人办卡。这就是会员的流量，所以我反复说，流量获取这件事，很多人都懂，都能琢磨出来，但是要想持续变现，没有人指导基本想不明白。

会员有两种方式：

第一种是消费型会员，交钱成为会员。交多少钱享受一年服务，累计多少钱成为会员，或是累计多少钱自动升级为会员，这都是消费型会员。

第二种是服务型会员，先成为会员，才有资格享受服务。比如深圳观澜湖高尔夫球会，先交100多万元入会，才可以享受正式高尔夫，还有球童的服务。如果不入会员，就只能在体验区随便玩一下。

为了创造流量，采取哪种会员方式更好呢？没有好坏，只有适合。根据你的产品订制你的会员体系。低端高频的服务可以做成消费型会员，高端低频的可以做成服务型会员。

（三）商圈流量

商圈就是线下门店，就是地段的流量，但不能叫店面流量，因为格局太小了。开店时选好的位置，就是商圈流量；选好商圈，就能获得相应的流量。一流的商圈有一流的流量，二流的商圈有二流的流量，三流的商圈有三流的流量。

那么，我们要选几流商圈呢？这要根据产品和服务的档次，来确定商圈地段。

例如，你卖2元的袜子、10元的洗衣液等廉价商品，就不要去一流商圈，不然卖得再多，也支付不了昂贵的租金。再说了，别人不可能在一流商圈卖洗衣液。因为卖什么产品，就要选在什么地方。

大众快餐不要在一流商圈，白领美容也不要选一流商圈。很多"土豪"财大气粗，把钱砸在一流商圈，做不到半年就关门了。不要追寻转化率，要追求利润率。普通服务要热闹，高端服务要幽静。只要你在商圈里，大众点评、高德地图、抖音都会帮你导流过来。

（四）广告流量

广告流量就是花钱购买广告获取的流量。不管广告投放在哪里，都要付费。以前可以做资源置换广告，现在只能"现金+资源"来换，为什么是这样？大家都缺现金流。广告投放切记边投边学，在投放的时候要成立专业团队分析和钻研数据，在投放中总结经验，让下次投流效果更好，转化得更多。

不断分析，不断复盘，选好投放时间，轮替的频率，找到广告更新的方式，这样就可以取得更好的效果。有的产品适合静态海报广告，有的产品适合动态视频广告，有的广告适合做投屏效果，哪种效果更好呢？要结合你的产品来研究。

另外，投放的广告是让用户来门店体验，还是打电话来预约咨询，这都不能靠感觉，也不能靠经验，要看数据。

> 例如，机场里的广告一般不留地址，地址在哪里无关紧要，重点是你留的电话号码要好记。像"400××××6666"这样的电话号码，看一眼就记住了。有的广告电话不重要，地址很重要。像美容店广告，要把地址放大，让人扫一眼就知道地址——"君豪小区三栋一楼，欢迎你的光临"。

广告的水很深，在不违反广告法的前提下，能把人"骗"过来也行。关键是客户来了要服务好，让他长期消费。来一次并不难，年年过来才难。

（五）粉丝流量

粉丝分两种：一种是泛粉，另一种是铁粉。中小企业的客户也是这样，一类是普通客户，另一类是VIP客户。不管是线上还是线下，普通还是VIP，统称为粉丝流量。

都说粉丝流量非常有价值，你知道这个价值在哪里吗？一个粉丝后面必然有3个消费力一样的粉丝，一个粉丝能影响7个同类的粉丝，能传播到21个人，这是科学数据。但是别高兴得太早，如果服务不好他，能造成多大伤害呢？他会直接和50个人说你的店不好、菜不好、管理者不好，会间接告诉成千上万个粉丝。

例如，他的朋友圈有4000人，当他向这么多人把你家服务数落了一遍，别人看了后基本不会光顾了。如果他把这些在微博和头条上说了一遍，又在抖音里发了一遍，这个坏消息能传给多少人？恐怕是可怕的数据。

好事不出门，坏事传千里。如果有误会，就要想办法解除误会。

例如，前几年有人在某网站打了差评，你知道店家会花多少心思让他取消差评吗？一是好言相劝，二是暴力威胁，可见一个差评的威力有多大。

抖音店铺也一样，满分5分，及格线4.7分。低于4.7分会带来一系列麻烦。所以你在运作时，不要小看来的任何人，因为你不知道他背后会影响多少人。

现在线上与线下的界线已经模糊，不分彼此。到店面吃饭，点菜也是在手机里点。来门店做美容，也是提前在线上预约。你说，线上、线下能分开吗？

现在是经营粉丝的时代，粉丝的数量是我们的规模，粉丝的消费力是我们的实力，粉丝的传播是我们的影响力。我们要珍惜来之不易的粉丝，尤其是铁杆粉丝。

四、网红流量：懂人性、懂人缘、懂人心

网红就是网络上的红人。随着抖音平台的兴起，网红就像天上的星星一样多。网红是现在流量的风口，尤其是大网红，很多老牌明星都来给他们助阵，而老牌明星却很难吸引新的流量。

我们要先了解网红的特性，才能靠网红来变现。

网红流量有三个特点，如图3-6所示。

一是懂人性
• 不懂人性，无法做商业，也无法用网红做流量变现

一是懂人缘
• 与网红合作，包括和明星合作，要讲究缘分

一是懂人心
• 不要太计较小钱，目光不能短浅，要坚持长期主义

图3-6　网红流量的三个特点

网红流量是怎么变现的呢？如图3-7所示。

一是打造网红。把有特色、有才艺的人打造成网红

二是找到网红，与他合作，通过合作锦上添花

三是网红自己成立平台

图 3-7　网红流量变现的三大方式

我们在解析以上三种变现方式的时候，重点不是讲网红的故事，而是讲我们普通人如何做网红的流量。

（一）打造网红，特色包装

打造网红。尤其是有特色、有特点、有才艺的人，可以把他一步一步打造成网红。这个网红是谁？可能是你的员工，可能是你本人，也可能是你身边某个人。现在一些流量组团的网红，就是以家庭为单位，IP呈现的就是他的家庭。

找到有特色的人来包装，这种情况的风险主要是时间，可能花了三年时间，到头来还是竹篮打水一场空。什么是有特色、有特长？比如有人嗓音独特，厨艺非凡，或者会演戏，就可以包装他。同样，会画画、写书法、雕刻，也可以包装，还有会钓鱼

的，现在钓鱼界也有3000万的顶流网红出现。

另一种情况，不用人的特长和才艺，而是展示事情的特别。

例如，有几个小伙子专门找水池，把里面的水抽干，然后去挖泥滩里的鱼。还有洗地毯的，清洗那种脏兮兮的地毯，一遍又一遍，最后变成一块新地毯，整个过程看得人挺解压的。这些都是网红包装。

我们普通老百姓也可以去洗地毯，只要洗得干净，洗得平整，过程解压，也可能成为百万网红，然后带出千万级的产品。注意搭配一台循环收集水的机器，毕竟大量用水不能浪费。做视频要记得节约原则，节约用水、节约用电、节约用餐，能节约的都节约。

普通老百姓的挑战是什么？是不能坚持，看到没成果就放弃了。比如写文章，不管发在知乎，还是小红书，变现的速度都是很慢的。当网红也是"苦尽甘来"，不要只看到这些大网红在赚钱，当你了解他们的过去，就知道他们就是因为吃了几年的苦，才有了现在的甜。

（二）找到网红，与他合作

网红流量变现，就是找到成熟网红，和他绑定合作。

例如，李子柒就属于这种类型，她先是一个人拍摄，一个人剪辑。一部手机一天拍16个小时，不断尝试，不断选镜头。她做任何一条视频，至少花费一个星期。她有一个自己酿酱油的视频，做了三个月，记录了整个酿制的过程；还有一个做蚕丝被的视频，从养蚕开始花了一年时间。付出了时间，也有强大的回报，她的视频，享誉中外。"老外"更欣赏她的动手能力，并且把这个能力归结于中国文化。

李子柒成名以后，有公司专门找上她，和她成立了公司共同运作，开发衍生产品，比如螺蛳粉。由于产品卖得太好，她干脆建工厂自己生产，把整个产业链拿下，这样利润更高了。

找网红合作，要懂人性、懂人缘、懂人心，具体落地应该怎么办？

第一步，了解背景，知根知底，知己知彼。在网上寻找网红过往的痕迹，看看他过去的内容。在网红成名前，网上也会有他的一些作品和报道。多看看资料，也能大概知道他的本性。

第二步，走一步看一步，做针对性合作方案。合作越久，人设越正，效果越好，价格越低。但是人跟人的合作总是充满不确定性，人红是非多，人红绯闻多，人红容易膨胀，怎么办？先从普通合作开始，一步一步加强合作。先单项合作，再做框架合作。先半年再一年，一年之后签三年，三年之后签五年。不要妄想终身合作，只要说终身的项目，都包含着祸心。

单项合作，比如百事可乐和贝克汉姆之间的代言。框架合作，比如厨邦酱油和李立群，他们合作十多年，铁打的代言人，不同款的产品。后来厨邦又找到岳云鹏做代言，这个合作依然是品牌和网红之间，并不会局限于某一款产品。

第三步，掌握节奏，及时变现。人在走红的阶段流量最好，最有价值。如果到了如日中天的时候，流量差不多饱和了，抖音只会推给固定的粉丝。那么流量有什么节奏呢？

2000年前，10年为一个风向。当时一个话题，可以整整说10年。那时我们打开电视看《西游记》，是不是一看就是10年？从小黑白电视看到大黑白电视，又看到大彩电，但每次看到《西游记》，还是津津有味。这就是10年的风向。

到了2010年，3年一个节奏，当时火一个主题可以说3年。

到了2015年，节奏变成一年一个。一年火一个明星，一年火一部电视剧，一年火一个话题。

到了2022年，节奏变成了3个月。现在的节奏，有点像过山车一样，我们都要跟上。

例如，2022年初，抖音开启全民健身，过了三个月，基本没人跳了。这时，新东方直播间进入你的视野。此时别人都是咆哮式带货，新东方直播间不紧不慢在讲知识，用户在直播间催着要链接。同样，再过三个月会不会冒出新的话题呢？一定会的，此时新东方正在建设自己的电商平台，打造自己的专属软件，他们要把抖音流量导入自己的平台里，那时抖音还会不会给流量？

这就是网红的节奏和流量的节奏。说不定下一步节奏变成了每个月一个话题，那时更多人跟不上节奏，当然也无法获得每一波流量，也无法赚到流量背后的财富。

（三）网红自身流量

网红自己成立公司，代表人物是papi酱。

她本人是一个网红，在当红的时候一批资本方给她投了2000多万元。当时她没有膨胀，把钱全部捐给了母校。后来她怀孕的时候，也反省了自己的未来和前途，最后决定成立公司，自己当企业主，成立专业的MCN公司，开始孵化网红。现在她公司里大大小小的网红已经有200位，但"流量一姐"还是papi酱自己，她是一面旗帜，难以被超越。

自己成立平台风险最大，收益也最大。但最难的还是网红变成企业主，没有境界和胸怀，眼光跟不上时代，实力跟不上名气。很多网红做大的时候，开始膨胀，开始嚣张起来，当初和自己一起做事的朋友被他天天呼来唤去，本来是合作者突然变成皇宫里的太监，那骨干还不离开吗？只要离开一个骨干，团队就少一根支柱。离开两个，这个团队就散了。

所以做网红流量时，要稳中求进，不要急躁。当你心急的时候，你的步伐就乱了，你的努力就白费了。

五、话题流量：从三个方面抓取热点创造话题

热点蕴藏着无穷的流量，那么，这个流量我们要不要抓取呢？当然要，但不能乱用，因为这个流量如金矿一样，我们要选择合适的地方来抓，以防金矿塌方。每一个热点都有可能引爆新风口，可能爆发一个网红，或者一个被人淡忘多年的明星（也被称为过气明星）翻红，还可能让一家企业的股价涨停。这就是热点的力量，就像火山爆发一样，时间虽然不长，但是威力巨大。

我们生活中每天有很多热点。第一条热点叫头条热点，第二条叫次条热点……还有前十大热点等。只要上了热点，就会在8小时内被数以亿计的人关注到。排在后面的热点，也会随时跑到第一条，变成头条热点。

你知道中国历史上第一个热点是什么吗？我就借这个故事，给大家详细阐述一下什么叫热点。最早的热点发生在西周末年，周幽王烽火戏诸侯的故事想必大家都听说过，为什么这个历史事件是

热点？有些规模更大，更有戏剧性的事，却不一定是热点呢？

因为你会发现，热点都是大家自发讨论、自发传播的。热点不是新闻，不是事件，不是政策，也不是明星绯闻，但是新闻和事件、明星绯闻都可能成为热点。烽火戏诸侯、杯酒释兵权、桃园三结义都是历史典故，它们的真实性，你能分得清吗？杯酒释兵权是正史；桃园三结义是演义，不一定是真的；烽火戏诸侯有点娱乐圈事件的感觉，所以就变成了热点。

这个热点一直传了3000年，传到2000年的时候，热点差不多一年出现一个；到了2010年，大约一个季度有一个热点；到了2015年，自媒体兴起，一周一个热点；到2020年，一天一个热点；到2022年，一天甚至10个热点。

随着热点的增多，平台也有一套专门抓取热点的策略，有热点转化的算法。也就是热点会随着人们的关注而变化，第十条不温不火的热点，有可能变成头条的热点。当然，每天10个热点并不是10个事，很多是对一件事不同的说法，生出了好几条热点。

> 比如，春晚来了，前10条都是关于春晚这一件事的热点，有关于节目本身的、主持人的、演员衣服的，还有演员失误的都会上热点。

热点来了，流量也跟着来了。什么热点可以蹭一下，什么热点坚决不能碰呢？我给大家的建议是，所有与政治相关的热点都不要碰，明星绯闻不要碰，名人名企的热点不要碰，社会上一切负面事件不要碰，哪里漏水了，哪里闹"鬼"了，都不要碰。

什么热点可以碰呢？如图3-8所示。

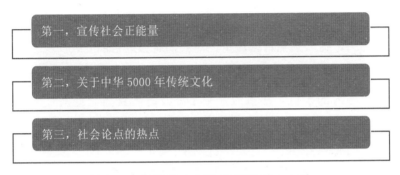

第一，宣传社会正能量

第二，关于中华5000年传统文化

第三，社会论点的热点

图 3-8　抓取热点创造话题的三大方向

第一，宣传社会正能量的，我们来个二次传播，让能量传播得更广。第二，关于5000年文化，还能做一波热点，其实文化一直有热度。

> 比如，唐诗宋词天天被人引用，孔孟教育天天被引用，《道德经》解读的书年年都很畅销，只不过这些文化热点，一般上不了头条。但是别忘了，关注文化的群体素质都很高，是中产以上的阶层；而关注生活事件的，基本是中产以下的阶层。

第三，社会论点的热点，用你独特的角度来解读。

> 比如，任正非在华为内部讲话中提到，"把寒冷传递给每个

人"。这个内容在华为内部引起热议，然后又扩散在媒体上继续热议。然后A股应声跌停，这个热点我们可以用独特的角度讲出自己的看法，我们的解读同样会被流量推升起来。

那么，抓取热点话题流量，对我们有哪些帮助呢？

第一个方面，就是大家关心的流量变现。获取流量就变现，这是很多人的宗旨。热点流量来了要及时做直播，直播时可以带货、带课，可以与大家聊聊心得，吸收一波礼物和铁粉。

例如，东北有个哥们叫张同学，当他走红的时候，全网用户都关注他。他一条3分钟的视频会有180次镜头切换。当流量聚集到一定程度，他开通了直播，讲自己的心得，但是整个过程没有带货，就是讲心得。

随后，他讲的内容被别人总结完，变成一个热点再一次冲上热榜，他又新增了600万粉丝。

第二个方面，改良我们的思维。我们解读每一个事件的过程，就是不断磨炼我们的眼界、不断磨炼我们的心智、不断磨炼我们的口才这样一个改良我们思维的过程。我们与热点共舞，让自身能力进步，这难道不是很好的事吗？

第三个方面，升级我们的团队。一个热点背后要么有商机能变现，要么有危机，而比变现更重要的是让我们团队整体进步。

例如，抖音平台上出现了一个预制菜的热点。当时这个模式很火，很多公司蠢蠢欲动，也想进入这个行业。很多团队都没有高维度认知，大家开一个会，就盲目进入这个赛道了。

其实这个热点出来，我们也进行了认真分析以掌握市场情报，确定要不要跟进，要不要投资，后来我们认为这个方式并不能改变现在的生活。会做饭的人还是会自己买菜去做，因为做饭也是一种享受，一种浪漫，还是一种生活，上了一定年龄的人，每天都离不了这件事；不会做饭的人，还是照样点外卖，更省事。而那些夹在中间的预制菜，做起来一点也不省事，味道肯定不如全手工好，那么它的市场在哪里呢？

有人说，省去买菜的时间。你可别忘了，你下单、查快递、收快递、拆快递、把快递搬到楼上等花费的时间，不正是你买菜的时间吗？你还是一如既往地要开锅烧油，做好以后还是要洗碗，你到底省了什么事？

继续分析这个热点，发现预制菜之所以火，是因为某个人进了新东方的直播间，然后他给主播董宇辉狂刷礼物，成了"榜一大哥"。董宇辉发现以后，果断地把他拉黑了。他刷不了礼物，没变成流量热点，但是董宇辉拉黑刷礼物的人，反而变成了热点。

后来这个热点继续发酵，人们发现预制菜是用补贴方式打出的商业模式，所谓一元吃酸菜鱼，这明摆着就是抛出诱惑用来收割的。所以到最后这个热点已经完全消沉，再没人说起预制菜。而这个事件的发起人，已经全网注销了账号，退出自媒体。

如果刚好也是做餐饮相关的企业，而你的团队不会分析热点背后的原因，你盲目跟风把手中的钱砸进去，砸完以后，连个水花都没有。因此，热点背后要冷静观察。诸葛亮草船借箭，这是一次成功的事件，但是还能用第二次吗？诸葛亮用空城计骗走了司马懿，还能用第二次吗？诸葛亮手下大将马谡，为什么失掉街亭？就是因为马谡把计谋用了两次，被对手识穿导致丢掉街亭，诸葛亮不得不挥泪斩马谡。今天我们遇到的所有热点，如历史事件一样不具有重复性，如果哪个热点你没有分析透彻，按捺不住，及时跟进了，有可能功败垂成。

借着热点培养我们的思维，开阔我们的眼界，打磨我们的团队。热点是一时的，我们的团队是一世的。流量可以让企业盈利，但也要选好热点。选好热点，还要用在正向的地方，不然，我们就会变成别人眼里的热点，还是会全盘皆输。

六、电商流量：人找货、货找人、人找人

　　当下，越来越多的人开始关注抖音电商，入驻抖音电商，人们从观望到进场只用了不到两年。两年前，人们纷纷入驻拼多多，往前推几年，入驻京东、天猫。往前推十几年，那时候是易趣、贝塔斯曼的天下。很多年轻人不知道，其实我们国家的电商就是从易趣和贝塔斯曼开始的，这些电商公司都是用了10年时间铺垫。但是，抖音电商用了几年？2年时间。

　　抖音电商与传统电商不同，它有自己的商业逻辑。抖音先有视频后有直播，有了直播开始直播带货，直播带货以后开始挂电商链接，挂天猫的比较多，经常送天猫优惠券。现在不用跳转链接了，买产品时一步到位，在抖音电商就能购买。

　　与电商同步的还有抖音支付功能，现在人们在支付方面还是习惯跳转到微信或支付宝。不出两年（也就是2025年前后），保证人们会习惯用抖音支付。支付的竞争比电商更大，电商如同

抢地盘，输一块地盘，不会动摇大局，但是支付之战如果输了，气势也就输了。你看现在所有电商，资金流都是流向微信和支付宝，这是支付界的双雄争霸。下一步抖音支付兴起，支付界就变成三足鼎立了。

未来抖音元宇宙建设完毕，整个抖音集团布局的所有内容，都会给抖音导入流量，人们的兴趣会被抖音抢过来。抖音集团，以前叫字节跳动，现在改名是看重"抖音"这个金字招牌。抖音有流量，有流量就有钱流。

抖音最擅长抓取人们的兴趣了，兴趣背后有一套算法逻辑，而这套算法其他平台都没有。10年前今日头条崛起的时候，已经培养了上千名算法工程师，而同期其他的平台，还在用其他方式做信息流。到了今天，抖音的推荐算法一骑绝尘，其他平台已经望尘莫及了。

电商流量分为以下三种类型，如图3-9所示。

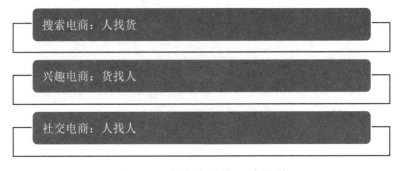

图 3-9　电商流量的三种类型

（一）搜索电商：人找货

其他平台都是人找货，在平台上把海量的货品摆出来，用户哪怕要买一个鼠标、几卷纸巾，也要先在平台上搜索，然后出现好几页的商品，要在上面看好久，最后点开一个店铺，问掌柜能不能包邮。

（二）兴趣电商：货找人

在抖音上是货找人。你是卖货的，可以录制一些关于货品的视频，上传到抖音上。你有可能通过你的视频吸引到10万粉丝，在这个基础上就能变现了。变现的钱，足以养活你拍视频的小团队。如果你拍好视频没有流量，也没有10万粉丝，可以做直播，在直播间同样可以吸引流量、吸引粉丝，同样可以变现。你的直播间做得专业，人们刷到就会停留，然后点开小黄车下单。因为产品本身相差不大，价格相差不多，人们在平台上的注意力已经从货变成人。

粉丝来选择商品，是因为信任主播这个人，所以购买了你的商品。那么，谁会刷到你的直播间呢？你肯定不知道，但是抖音算法知道。抖音有推荐算法，能找到对纸巾有需求的人群，同样也可以找到他的几十个需求，然后推荐视频给他。

如果你每天刷15分钟，抖音2个月就能知道你的喜好。如果你是重度玩家，一天刷2小时，用不了一星期，抖音就能知道你喜欢什么了。根据你看视频的操作，是看完还是一滑就走，是点选还是点了不感兴趣，是点了收藏还是转发，这些操作基本可以判断你是否对该视频有兴趣。

还有更深层次的算法，比如定期给你推荐一些完全没看过的视频，像滑雪、探店、美食、国学文化等，这些平日不会去主动搜索的内容，因为脑中没有这个意识，但是看过以后，发现其实自己也挺喜欢看的。抖音会推荐这些，这样不断挖出你潜在意识和喜好。

如果没有新内容推荐，用户很快就会玩腻。很多平台已经"尘封"了，不就是因为没有新鲜的内容吗？所以，流量这个东西人人都说不准，总会在固有的认知中加入各种新鲜的东西。

我们公司有一名咨询师，从来不吃烧烤。他的理由是这个吃法本身就不健康，既有烟又有油，而且不卫生，价格也不便宜。有一天我们一起吃夜宵，除了烧烤没点别的东西，他只能尝试着拿起羊肉串，一串至少吃了五分钟，边吃边这么看着，脸上充满怀疑。后来估计是饿得不行，他吃了几串，突然发现这个烤串真是太好了，根本不是想象中那么糟糕。

有一次，我们去辽宁盘锦做项目时，把他整个饮食观都改变了。他以为的烧烤，就是串羊肉、鸡腿来烤。而在盘锦，这里没有什么食物不能烤，热的能烤，冷的东西也能烤，甚至雪糕都能烧烤，火锅里涮的所有菜，统统都能烧烤。从那次以后，他的饮食认知就完全改变了。

通过这件事，说明我们并不能完全认识自己。以为自己喜欢大城市，去了农村玩几天，发现这个环境其实也很向往。还有人以为国外的月亮更圆，但是真正出国玩过几次，就会发现国外不管吃的、喝的，还有治安等，真的比不了国内。抖音就是一个不断拓展我们认知的平台，这里面有看不完的视频，有看不见的算法，有用不完的流量。

（三）社交电商：人找人

人找货，是搜索电商；货找人，是兴趣电商；人找人，是社交电商。不管什么电商，背后都有不同的算法，但是抖音的算法高人一等，抖音的流量高人一层。我们要抓取电商时，记得看抖音每一次升级的变化，尤其是看抖音主页最上面一排"菜单"的排序。

比如，2022年8月，我发现上面菜单变成了四个，其中有一个是"商城"，就是说商城变成了一级入口，可见商城对抖音的重要性，而以前的商城是藏在二级页面里的。现在打开抖音，点一下"商城"菜单，可以直接寻找到需要的商品，这相当于抖音既做了兴趣电商，又做了搜索电商。

你把自己的店铺装修好，把视频拍好，抖音就会给你导流。最终做社交电商，实现人找人的引流模式。

店铺应该怎么装修？能用图片就用图片，头图至少三张，让人不用往下翻就能知道商品所有的信息，这样降低用户查询的时间，也就缩短了用户购买的时间。尤其是把秒杀、福利、活动、优惠的内容放在最上面，人们对这些还是比较有兴趣的。如果用户是被引流进来，可能不买产品，只要他能收藏店铺也不错，效果同样达到，他迟早会下单的。

店铺装修好，不怕没人来。店铺装修不好，人来了也留不住。要把心思花在修炼内功方面，改良我们的商品，改良我们的促销手段，改良我们的视频内容，改良我们的商品文案，这样用户才会被我们吸引。不要听信很多讲师说的，以为在抖音上创业很容易。你可以不会原创，但要学会改良。如果改良也不会，就先找到会改良的人一起合作。要不然花了大价钱投放流量，用户进来看一眼走了，点开店铺又关上了，不就是"水过地皮湿，劳民又伤财"吗？

七、三个女性群体的流量

人性有三大弱点——贪、懒、虚荣心。

我们做商业模式、盈利模式、渠道模式时，就可以依据人性的三大弱点来设计。

贪，就是"我的地盘我做主"。大人贪，小孩也贪；男人贪，女人也贪。因此，就有人专门设计了主打性价比的产品。

比如，9块9包邮的产品卖得好，就是利用了人的贪性弱点。直播间带货火，原价998元，直播间9.8元，卖的就是贪心。一晚上3小时直播，成交额可以达上亿元。这些产品本身就不贵，说它值998元就是为了勾起人的贪欲，让你快速下单。

懒，就是懒惰，每一个人都有懒的一面。"懒"并非全是贬义，从另外一个角度看，还是推动科技发展、文明进步的重要基石。

比如，当下企业招聘选什么平台？一般排在第一位的不是前程无忧，也不是智联招聘，是什么呢？BOSS直聘网——基于年轻人"懒"的特性来开发的一个招聘平台。

"找工作，我要跟BOSS谈。"这是BOSS直聘网的口号。为什么这样定位？年轻人招聘，懒的一关又一关地面试，就想直接和BOSS谈，直接让BOSS拍板，所以BOSS直聘成为近两年最火的招聘平台。事实上，能不能被BOSS直接面试不是重点，但这个定位吸引着年轻人。

虚荣心，也是人性的一大弱点，但它可是强大的流量入口，是心灵的一扇窗户，如果你能打开，就能获得一个广阔的世界。虚荣心能带来什么？奢侈品。世界上所有奢侈品卖给了谁？主要卖给了爱慕虚荣的人。

有人说："臧老师，我看到身边很多男性买奢侈品，他也不虚荣啊？"我就问他："这些男性买来奢侈品，是自己用吗？很明显这是送给女朋友的。"所以，奢侈品要么卖给虚荣心强的人，要么送给有虚荣心的人。

当你懂了人性的三大弱点，做流量之门就打开了。懂得三大弱点，产品开发、产品营销、产品包装方面就如虎添翼。让客户在选择的时候，能满足自己的虚荣心，能节省购买时间，获得更多的东西。这样来设计，就是三大弱点的应用。

即使全球经济不景气，消费者把钱包看得更紧了，但消费者的大脑可一点也不紧，他们照样期望奢侈品，照样喜欢占便宜，照样期待各种省时间的方式，所以我们要迎合这些心理，站在消费者角度来剖析并具体落地应用。

图3-10分析了三个女性群体的流量，我们来看如何迎合她们的需求。

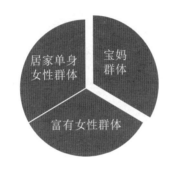

图 3-10　三个女性群体的流量

（一）宝妈群体

如果要问你现在最优质的流量入口是什么？你可能要思考一下。我要是直接说是宝妈群体，你就会恍然大悟。宝妈为什么这么优质？主要有以下三点原因：第一，宝妈一个人支配一个家的消费，一个人花五个人的钱，为自己花钱，为孩子花钱，为老公花钱，为父母花钱，为宠物花钱，花钱的量大。第二，购物花钱是治愈宝妈焦虑的良药，是宝妈舒缓焦虑最好的办法，而男人不同，还有其他方法来治愈焦虑。第三，一个宝妈背后有一群宝妈，一群宝妈在一起就是一个宝库，能产生很多化学反应。

父母的保健品购买，主要决策权也在宝妈身上。如果宝妈没有买，不是她们没这个预算，而是她们对保健品的认知——知道吃这些东西没什么用。最近几年，孩子给父母买保健品少了，很多直销产品的销量在疯狂下滑，因为宝妈醒悟了。要是保健品质量有保证，又真的有用，她们还是会买的。

除了有形的物质，孩子在教育方面的开支，也是宝妈在做决定。而且宝妈在教育孩子方面也在互相较劲，不让孩子输在起跑线上。这就是宝妈真实的内心世界。商家拥有宝妈群体，就拥有最大的市场。

（二）富有女性群体

这类人花销可能比宝妈多，但没有宝妈花销杂。宝妈什么都买，9毛钱一卷的垃圾袋，会买上几卷，存起来慢慢用；9000元的黄金也会买了存起来。但是富有女性买的东西基本属于奢侈品，不贵她还不买，包包、化妆品，必须是奢侈品，还有美容院的会员卡，必须买最高的一档。

如何走进富有女性的心里？有两个办法，一是吓唬，二是安慰。如果你说："女人的青春很短，不好好保养很快会变老。"富有女性听了，当然会害怕。因为女人怕的就是失去青春，青春是她们认可的资产。这就是吓唬，所有高端化妆品的营销，都是从吓唬富有女性开始的。

另一个办法是安慰。你告诉富有女性："一个人要有独立人格，要用别人没有的东西，要用别人有钱也买不到的东西，要标新立异，成为新时代的女性，要集财富与智慧于一身。"听到这样的话，你说富有女性会不会心动？她不仅心动，还会兴奋。全国所有的女性论坛，几乎都是关于财富与智慧的话题。

（三）居家单身女性群体

居家单身女性也是一个非常庞大的群体。不是憋在家不出门就是居家单身女性，是不想出门、不太喜欢社交、喜欢自己一个人待着的女生，这就是居家单身女性的特点。

居家单身女性也有三五个闺蜜，她们的消费能力如何呢？一杯奶茶不加糖，再加一部恐怖片，就是居家单身女性一个下午的美好时光。不要小看这一杯奶茶，你看满大街的奶茶店，喜茶、蜜雪冰城等，是不是总有人排队？

很多电视剧剧情简单，男女主角是顶流，剧情虐心，她们就喜欢看。

居家单身女性还喜欢养宠物，看看现在的宠物市场有多么大？人有的用品，猫和狗也有。人有牙刷，猫狗也有；人有玩具，猫狗玩具更多；人有湿纸巾，猫狗也有；人有零食，猫狗零食也不少；猫狗也有专用滴耳液，还有各种防疫药品。居家单身女性总有一堆收不完的快递，里面不一定是化妆品，可能就是宠物用的。

居家单身女性的消费需求极其繁杂，极其庞大。你认为不适用的，家庭主妇不会买，富有女性不会买，但是居家单身女性会买。

以上就是三类女性流量群体。要做流量，先研究女人。你看这个世界，男人在折腾，女人在收拾。谁能解决家庭需求问题，谁就拥有女人市场；谁能解决孩子需求问题，谁就拥有女人市场；谁能解决幸福需求问题，谁就拥有女人市场；谁能解决购物需求问题，谁就拥有女人市场。

八、三个男性弱点的流量

都说掌握女人心理，就掌握了商业流量密码，那么，男人到底有没有流量呢？其实还是有的。我们说，人性有三大弱点——贪、懒、虚荣心，男人也有三个明显的特征，如图3-11所示。

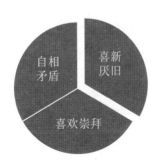

图 3-11 男性的三大弱点

弱点一：喜新厌旧。你看现在任何一个品牌的汽车，是不是款式多的已经记不清了？这就是因为男人喜新厌旧。以前有两款经典汽车——凯美瑞和雅阁，一代一代在升级，每一代升级都很明显。到现在升级成什么样了？说不出来吧！当然新车的款式，也直接影响着经典汽车的销量。

商业的本质就是推陈出新，年年有新产品。如果一个人还在炫耀自己十年前的产品，那么只能说明他十年没有进步，或者现在的产品根本没什么市场。曾经的辉煌赋能不了今天的市场，旧日的思维上不了今天的赛道。要抓住男人的心，就要不断推出新的产品。新的款型不一定更经典，但是产品出新款就是在迎合喜新厌旧的男人的市场。

弱点二：自相矛盾。自相矛盾的男人，通常表现在理性时听话，感性时不听话。你看一个小男孩，理性的时候很听话，感性的时候不听话。感性就是他在胡闹的时候往往不听话，这时候你给他一个玩具，他就听话了。进入叛逆期更不听话，家人好说歹说，他都不听，但他暗恋的女生的一个眼神、一个皱眉，就让他乖乖听话。不要以为男人会随着年龄增长就听话，他们感性的时候，总是不听话。到老也一样，变成老小孩，还要经常被哄着。

弱点三：盲目崇拜。男人从小就有崇拜心理，每次崇拜的时间都很短。有的小孩子崇拜奥特曼，有的崇拜机器猫。长大一点，开始崇拜篮球明星。

作为商家，找到男性以上三大特征，就能轻松找到流量入口。下面来看看对这三类典型男性市场有针对性设计的商业模式、盈利模式、渠道与市场。

三种男性群体的流量，如图3-12所示。

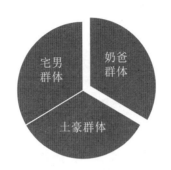

图 3-12　三个男性群体的流量

（一）奶爸群体

虽然钱被老婆管着，但是奶爸的购买力还是很强。在家购物，男人只买对的，不买贵的。大件消费男人说了算，小件消费女人说了算。比如家里买冰箱、空调、洗衣机、电视机，一般都是男人做主，多数女人对家电不敏感。家具也一样，一般是男人买来，女人来用。

比如，夫妻俩去逛宜家家具商城，最后选家具的都是男人，但是小件饰品都是女人在选。宜家家具有一个特点，买回来的都是木板，要自行安装。严格来说应该叫拼装，就像小时候拼积木一样，几块木板用螺丝加固，就这么组合成了，我们还挺有成就感。

大家具都是给男人看，给女人用。大家具设计要比较粗犷，比较厚重，方方正正，如果是小件、小零碎，可以花哨一点。奶爸是实用主义者，简单就好。

（二）土豪群体

土豪是乱花钱的人吗？如果你这样想，可能就错了。大部分土豪可不是乱花钱的人，不像我们在电视剧里经常看到的那种地主家的儿子那样，傻乎乎地乱花钱，最后要么被抓，要么被打，倾家荡产变成穷光蛋。现实中的土豪花钱是很多，但绝不是乱花。

商家要挖掘土豪的流量，就要了解土豪的"软肋"。土豪有三大软肋：一是容易冲动，二是怕不贵，三是受不了温柔。

第一个软肋：容易冲动。很多市场和产品就要设计让土豪冲动的方式，比如一款运动鞋定价1000元，土豪根本看不上，但限量款或是明星联名款，定价1万元一双，土豪就会抢购。就像车牌号一样，土豪喜欢连号的。

第二个软肋：怕不贵。迪拜的七星级酒店是给谁订制的？就是给土豪订制的，在里面消费不为别的，就是为了贵，日本东京银座、纽约第五大道都是给土豪订制的。如果产品不贵，消费不贵，土豪就不去玩了。游戏也一样，土豪也玩游戏，但不玩那种慢腾腾升级的游戏，他们要的是快速升级，玩一个小时，就能在游戏里叱咤风云。所以现在的游戏充值，648元、1980元的充值都很普遍，这就是给土豪设计的游戏。

第三个软肋：受不了温柔。土豪也有坎坷的过去，也有伤心的经历，有时候来一点温柔，他就心软了。很多土豪在感动的时候不仅会打赏、给小费，还会投资。吃一顿饭感动了，投资一个餐厅；去一个景点玩开心了，投资一个民宿；打球打爽了，投资一个球馆。但不出三年，往往以失败告终。

近年来还有一些土豪把钱投进了新技术、新圈子，比如数字币、元宇宙、智能穿戴，虽然他们看不懂，但手里钱多，心里焦虑也多。土豪也想有一个属于自己的事业，有一个拿得出手的头衔，比如投资人、董事长。投到新技术上，失败率更高，简直是一塌糊涂，一败涂地。

（三）宅男群体

宅男具有什么特征呢？喜欢一个人待着。但是一个人待着不代表懒，也不代表闲着，他会去玩游戏，玩各种智能硬件。宅男往往知识很渊博，逻辑很严密，世界观是一个闭环。

例如，全国数以百万计的程序员都有点宅。他们在大城市上班，在一个行业待足十年，就可以在一线城市买一套房。平日就是"两点一线"上下班，要么在公司电脑前，要么在家里沙发前。有人称这群宅男是北京东五环的诸葛亮、上海松江的陶渊明、深圳前海的苏东坡。

他们冷静而自信，潇洒而有才，最新款的智能设备刚出来，已经摆到他们桌子上了；最新款的游戏刚上市，他们已经玩上了。

宅男消费也与众不同，有的宅男厨房放个塑料外壳发黄的电水壶，水烧开都不会自动弹起。但最新款的吹风机——6000元的戴森吹风机，他们看一眼就买下了。戴森的产品不是卖给土豪的，而是卖给这些宅男的。土豪欣赏不了，宅男才能欣赏。宅男的衣服没什么特色，格子衬衫一排，但他们的充电器用的是无线充电器，手机一放就能充电。他们不仅早早用上了最新款的无线充电器，而且不止一个，客厅一个，卧室一个。只要手机满电，卧室就是世界。

这就是以上三种典型男人的流量市场。土豪喜欢被人羡慕，宅男喜欢被人宠爱，奶爸喜欢被人欣赏；土豪喜欢美女，宅男喜欢母爱，奶爸喜欢孩子；土豪害怕贫穷，宅男害怕自卑，奶爸害怕没爱；土豪以创业者的视角看世界，宅男用上帝视角看世界，奶爸用经济视角看世界。我们知道这些群体的里里外外，就能打开男人的流量市场了。

第四章
内容
流量

　　"流量为王"的核心是"内容至上"。在抖音短视频平台,内容已经从单纯的载体,逐渐演变成一种需要从更长远角度去看待并经营的"产品",短视频、直播早已不单单是一种内容创作与呈现手段,它既可以做品牌宣传,也能作为一种能转化用户的商业赋能工具。

一、选题方向：五大选题策略，助你借势而上

在抖音制作内容时，离不开一个好的选题。选题就是你行走的方向，方向决定你的账号未来能走多远，也决定未来会不会顺利、会不会艰辛。有些选题非常冷门，不容易爆红，但竞争很少；有些选题做得非常多，竞争也激烈。如何选对制作方向尤其重要。

打个比方，你在写作文时，凡是选题对就容易写，如果跑题就会丢分。不管是写500字还是800字，选题不对，都写不了这么多。同样，制作抖音内容，方向对了，努力全对；方向不对，努力白费。我们要跟随时代、跟随热点、跟随人们的需求，快速制作内容。

比如，预制菜是最近火热的一个话题，如果你选择了这个

话题制作内容，很可能会火。因为人们对预制菜这个概念充满好奇，会想未来的生活会不会被预制菜影响呢？做空调的格力公司也在布局预制菜设备，以后的厨房会不会是各种做菜的机器呢？90后、00后都不喜欢做饭，会不会大量购买预制菜呢？

当你对此事快速响应，写好文案，你的内容就有可能火。接着有人会在你的内容基础上，跟你对着干，讲出与你完全对立的观点。当然这没有对错之分，只有不同的见解。不管是对立还是同类，流量都会涌入你的账号。同样，如果对方先讲，你后讲，你也可以在他的基础上讲出不同的看法和见解。选题就是这样，一旦确认方向，大家拼的就是制作速度。速度一定要快，手慢了热度就结束了。

不要想着尽善尽美，要快速发布。今天你讲完一个观点，三天后可能就反转了。如果有反转，你就再录一条。针对一个事件，并不是只有一条视频。又过了三天，预制菜又出了新的话题，怎么办？继续录制。只要有变化，你就一直录。

这里有一个录制小技巧，只要录制的内容大于三条，就可以建一个"合集"，把相关内容全部放在一起。粉丝如果连续看你三条内容，要么会关注你，要么会收藏你的合集。我们制作内容要的就是快速制作，持续不断推出新的内容，要做好长期主义，这样就可以把流量存起来。

很多人录制内容，总想着尽善尽美，不管你文案有多好，逻辑结构有多么清晰，最后不一定会有流量，付出也不一定有回报。长期付出没有回报，勤奋没有流量，内容不能变现，会对内容灰心，慢慢就淡出抖音界了。比如，你关注了100个账号，过段时间就会发现，有50个已经断更了，有20个偶尔发一条视频，选题方向已经乱了，只有10个号还在持续更新。

为什么只剩10%的人坚持下来了？不是因为变现的问题，而是因为很多人寻求尽善尽美，把自己掏空了。其实我们选对方向，快速制作，可以以量取胜。一年录制1000条内容，就能跑赢同一话题中99%的人。

例如，有一个卖潮汕牛肉丸的博主，三年上传了上万条内容，他就是以量取胜。其实内容都是大同小异，都是拍他如何制作牛肉丸的场景。没有特别角度，没有灯光，就是这么随意拍摄，然而他通过抖音赚的钱比开店还多。

从在抖音上制作内容的角度来看，主要有以下三类话题，如图4-1所示。

图 4-1　抖音上的三类话题

第一类是热点话题。大千世界，无奇不有，天天都有新鲜事。不同阶层，不同场景，人人都有新故事，只要你有一双慧眼，就能捕捉到各种段子，改良一下拍出来。

> 比如，家庭场景、旅游场景、沟通场景、汽车场景等，都会涉及做饭的内容。男人、女人、上班族，职场也会和美食关联在一起。一般视频会把美食环节放在中后阶段，这样不仅能提起人们观看兴趣，还能提高完播率。
>
> 你看现在的汽车类"大V"，经常探店吃饭，还会挑战吃辣椒，你知道这是为什么吗？民以食为天，吃是第一大话题，走到哪吃到哪。这些"大V"流量下降时，就会用吃来带动热点，因为吃是热点话题。

第二类是对标选题。不同体量的抖音号，选对各自合适的对标选题。

> 比如，你刚起步只有1000个粉丝，就对标1万粉丝的账号。当你涨到1万粉丝之时，就对标10万的账号。记得把你经常研究的账号做到一个电子表格里，持续不断地关注他们，记录他们的账号变化。

第三类是现实选题。现实话题就是有一说一，记录真实。你知道抖音的口号吗？"记录美好生活。"抖音的本意就是鼓励大家真实记录。别小看这样原生态的内容，人们没有准备，但内容真诚，所以有很多农村题材的账号非常火。

比如，抖音启动了一系列活动，扶持这些人在抖音上创业。他们拍的内容比较真实、真诚和天然。如果乡村博主眼神里带着商业，就太假了。

从内容制作方面来看，抖音有以下五个选题方向，如图4-2所示。

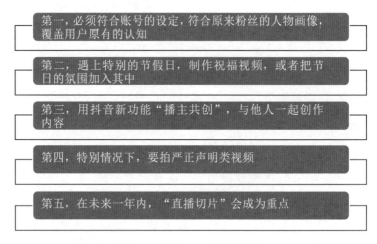

图 4-2　抖音五大选题方向

第一，必须符合账号的设定，符合原来粉丝的人物画像，覆盖用户原有的认知。用户冲着你什么内容来，选题就朝着这个方面去做。随着内容的持续输出，粉丝就会持续涌入。

第二，遇上特别的节假日，制作祝福视频，或者把节日的氛围加入其中。你平日发布的内容都是嬉笑打闹，到节日一本正经地给大家送祝福、给大家拜年，这样的内容不会影响账号的人设，粉丝看到这样的内容，只有感动和激动。

例如，"疯狂小杨哥"平日视频内容都是在屋里拍的反转家庭剧，但是他们去河南赈灾时也拍了视频，没有剧情，全是真诚的祝福。这样的内容不仅不会影响他的账号设定，大家反而会为他们的诚意所感动。

第三，用抖音新功能"播主共创"，与他人一起创作内容。最多可以有5个账号一起共创，你们一起拍的内容在台词上、剧情上、画风上可能完全变了，但是不会影响你们的选题，大家说不定更喜欢看。比如一个知识主播和一个汽车主播一起交谈，说不定能碰撞出新的火花。

第四，特别情况下，你要拍严正声明类视频。你要声明一些事情，解释一些误会，需要发出严正的声音。

例如，有人起诉你侵权，要求你拍视频道歉，并且要把视频置顶三天。那么你不得不拍，拍好了解释一下，这没什么大不了的。同理，别人会抄袭你的内容，你一生气也让对方拍视频道歉。视频挂三天，再隐藏起来，账号不会有太大影响。最怕的是什么？在网上对骂，然后越描越黑，越解释越乱，最后双方都受牵连。

第五，在未来一年内，"直播切片"会成为重点。你在直播时，可以把内容录制下来，把其中一些精彩的片段剪辑出来，加上字幕和一点特效，就变成新的选题。这样做不会影响到你账号的权重，也不会影响粉丝对你的印象，内容还特别简单。

二、文案内容：四大技巧，教你创作事半功倍

文案是一个非常宽泛的概念，在我们这个流量专题，只讲短视频文案，也就是1000字以内的文案。很多人夸赞："臧老师，你的文案写得太好了，火爆的内容特别多。"其实，写文案是有技巧的，我今天不藏着掖着，把技巧讲透，教你创作事半功倍。文案创作的四大技巧，如图4-3所示。

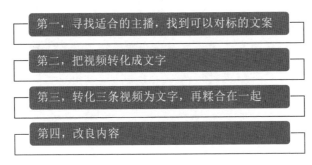

第一，寻找适合的主播，找到可以对标的文案

第二，把视频转化成文字

第三，转化三条视频为文字，再糅合在一起

第四，改良内容

图 4-3　文案创作的四大技巧

（一）寻找适合的主播，找到可以对标的文案

切记，不要什么内容火就找什么内容。

> 比如，抖音"第一大号"《人民日报》有很多内容点击率上千万，留言过百万，讲的是民生问题的深度报道，要不要拿来对标，做成你的文案？当然不行，很多民生问题，我们连讲的资格都没有，很多内容只有资深媒体才有资格讲。

我们是普通人，就找同样是普通人的主播的文案。需要找多少个？找20个并关注，从中寻找共性的框架，把这20个账号的特点、优点全部解析出来。这些基本功还是要练的，不要以为内容很多，可以随意搬抄。

（二）把视频转化成文字

在手机上可以转化，在电脑上也可以转化。如何在手机上转化？找到一条视频，下载到手机里，然后在微信里搜索一个名为"轻抖"的小程序，找到里面"文案提取"功能，上传视频，点转化就可以轻松转为文字了。如果你找的内容不允许下载，就把视频链接复制出来，把链接复制到小程序里，同样可以提取文案。

如果遇上长视频，你手边恰巧有电脑，就在电脑上操作，把视频下载到电脑里，在电脑上操作既方便又快捷，而且大量文字用电脑编辑更有效率。

（三）转化三条视频为文字，再糅合在一起

糅合就是吸取三个文案中的优秀部分，哪个框架好就用哪个，哪个开场引人入胜就用哪个，哪个辅助的案例和素材好就用哪个。但是，这个过程会出现一些误区。

例如，你看视频时觉得有趣又有用，转化成文字反而平淡无奇。有些话别人讲出来，不仅搞笑，还特别有画面感，我们自己讲出来，不管怎么夸张也不太搞笑。本来这些内容就是网上流传的，大家都潜移默化地接受了，别人用了声音特效出来的效果，我们也可以使用这些特效。但是有些专业知识讲究严肃认真，就不用太追求幽默了。

（四）改良内容

改良的过程，就是你的原创过程。改良有以下四个小技巧。

1. 开场第一句话要精彩

第一句话决定人们刷到你的视频后，是否有意愿看下去。有人称之为"黄金7秒钟"，还有人说"黄金3秒"。其实也别把这一句话看得过重，也就是过犹不及的道理。开场吸引了别人，就能把你后面的内容看完吗？视频完播率的重要性远远大于第一句。

第一句话如何制作？有一些"大V"在开场第一句话之前，先

来半秒钟的音效，"滴"的一声再说话；还有一些播主，开头先是一声青蛙叫，再开始说话。使用这样一个音效，可以先声夺人。

2. 加快说话速度

在录制内容时，你不要催促主播加快速度。有些人说话天性就是慢条斯理，你让他讲快一点，他思绪就乱了。可以在后期剪辑时，把速度调得稍微快一些。比如，调到1.1倍速、1.2倍速，这样人们在观看时才会有紧张感，才能看完，才可以提高完播率。

3. 重视版权问题

当说到历史人物、现实案例、哲学观点时，在不侵权的前提下，尽量把这些素材加到视频画面中，让人一看就明白，毕竟短视频玩得就是快、准、狠。

> 比如，讲到三国时代的诸葛亮，可以在网上找到诸葛亮的画像，放在视频里面，放两三秒就行。但不要找电视剧《三国演义》中的诸葛亮剧照，这是演员扮演的，是有版权的。讲到哲学观点时，可以安插一些模型图在视频里，大家可能会暂停截屏，这样是不是提高了完播率呢？

以上都是文案辅助的小技巧。写文案就要想一些辅助手段，不要以为可以一抄抄到天荒地老。现在是知识产权的时代，搬抄别人的爆款，风险很高，一不小心你的文案爆了，极有可能被人投诉。如果没人投诉，平台也极有可能给你限流。

> 打个比方，就像拍一部电影，存在抄袭问题，如果上映后没
> 多少票房，就很少人去讨论。有的电影火爆，这些问题就会被网友
> 挖出来。网友说，这部电影是致敬了1984年的电影。1984年我们用
> 什么看电影？农村用老胶片，一卷一卷地投在一块大白布上。这么
> 老的电影，都有神通广大的网友找出来。但是你的内容不火，就没
> 人搭理你。

你写文案也一样，不要心存侥幸。抖音视频发布后第一关，机器审核通过了，你的内容如果变成爆款，就会被千千万万粉丝审核，找到你抄袭的证据，投诉给抖音平台。这时就会启动人工审核，如果人工判定你内容抄袭，那就是"竹篮打水一场空"。如果你的文案涉及变现，还会影响你的小店生意。关于侵权的问题，抖音只会一年比一年严格审核，因为这个平台上的创作者足够多。

4. 不要夹带私货

未来抖音会更加完善，更加严格，不要心存侥幸。搬抄别人的知识主播，几乎被抖音封杀殆尽了。有人想在视频里加一个二维码导流，只闪了一秒钟，都被检查出来。你以为平台审核是"吃素"的？审核是一帧一帧检查的，一帧是24分之一秒。

例如，有个手工艺人把电焊的强光拍下来，上传到抖音，抖音判定内容不合适。但是你拍走夜路，很微弱的灯光，就没事。原理很简单，电焊强光很伤眼，夜路灯光不伤眼。不要心存侥幸，不要以为平台检查不出来。有些人上了黑名单，在别人账号里露脸直播，都能被检查出来。因为智能软件神通广大，抖音的大数据是数亿级运算。

三、剧情脚本：三大阶段，让短视频更有吸引力

爆款视频能带来极大的流量，那么视频靠什么来爆发呢？主要依靠以下三点：一是蹭到了热点，二是说到了痛点，三是勾起人们的痒点。不管是什么点，都需要脚本的支撑。脚本就是拍摄视频时涉及的所有元素，包括对白、场景、背景音乐等。

很多人把脚本和文案混为一谈，脚本包括了视频所有的语言和对白，所以脚本包含文案。抖音视频有以下三种：第一种是纯文案，比如一个人讲内容、解读电影，不用太多场景。第二种是拍摄现场，不用讲究说什么，比如探店、实况拍摄。第三种是一半剧情一半文案，这要提前写好脚本。

口播是语言的艺术。一个人对着镜头讲话，或两个人你问我答，再或三个人围桌对话，这都是不错的场景。

比如，《锵锵三人行》节目播了十年，之后的《圆桌派》四

个人在一起对话，这两个节目算是业界常青树。如果同一个场景下，五个人或更多人说话，就很容易乱，常见的口播就是一个人或两个人在说。

如果单纯做口播，一个人对着镜头说话，主要的准备工作就是写文案。一条5~10分钟的视频，文案要写1000~3000字。这些文字要花很多心思去打磨，不管是简单模仿，还是改良。

录制口播视频的成本最低，一个人拿着手机，伸长胳膊自拍，讲一些自己的体会，这就是最简单的口播，几乎零成本。条件稍微好一点的，买一个自拍杆，镜头离得远一些拍摄。条件再好一点，买一个三脚架，固定机位，保证镜头不晃动，人也可以拍正。条件更好一点，固定机位，有另一个人协助拍摄。条件更上一层楼的，会有专门的摄影室，里面非常安静，有一整套专业设备，至少有两个机位，一个拍中景，一个拍近景；中景拍到半身，近景拍面部特色；没有远景，拍人物不能离得太远。

这就是所有做口播视频升级的路线。后来有人开始模拟课堂，模拟成对话，加一些剧情，这样人们看得更加自然，也容易看完。毕竟一个人对着镜头说教，观看者很容易审美疲劳。

口播视频场景都很简单，拍摄简单，剪辑也比较简单。把头尾内容剪掉，中间空白内容剪掉，再给声音降噪，加上字幕，就完成了。口播的场景，主要是口述文案；稍微加一些剧情和场景，边走边拍的叫VLOG——视频博客。

例如，很多旅游博主到全国各地的景点，讲述当地的风土人情，这种效果比较好。在拍摄时，有一两次镜头切换即可，从中景切换到近景，从近景切换到中景，不用太过复杂。

微剧情主要以说为主，所以不能有太多镜头切换，以免影响观感。

拍摄视频博客，一个人自拍，要选游客少的时候，不要被人干扰。有一位博主在曹操雕像前讲话，有一个小孩手上拿着一个气球，就走在人与镜头之间，他好奇你在干什么，就站在这儿不走。所以最好两个人配合来拍摄，效果好，还能防止被打扰。

剧情再增加，口述再减少，这种形式叫小剧场，或者理解为小电影。一条视频就是一部短小精悍的电影，有开头有结尾，有完整的剧情。小剧场就要强调演绎演技了。

抖音几乎所有上千万的"大V"，剧情和内容各占一半。不管拍家庭剧、职场剧，还是才艺剧，说的话少了，但是镜头多了。一条视频可能要上百个镜头，还要把背景提前做好，不能杂乱无章。声音也要做好，要佩戴无线麦。要有便携的灯光，每个镜头都把光打好。哪怕拍做饭，脸部拍几秒，切菜的手拍几秒，中间切换还要非常顺滑，无缝切换，一条视频要拍两天。

但是，付出总有回报，这样的内容诞生了很多粉丝上千万的"大V"，有4000万粉丝的李子柒。你看她的视频，用了很多镜头，有很多面部特写，有很多场景切换，因为她付出很多，所以收获的粉丝也很多。而且很多广告商也喜欢和这样的剧情主播一起合作，因为内容接地气。

> 李子柒的视频脚本，主要是镜头，没有太多对白。脚本怎么写呢？"清晨6点，树叶有一颗露珠滑落，女主角出现，由远景到近景。她来了，背着小篮子，有篮子的特写。她踩在潮湿的路上，有鞋的特写。她弯腰采一个蘑菇，有手指的特写，还有蘑菇的特写。"
>
> 这样的两句话，你数数包含了多少个镜头，其中又分别有多少个远景，多少个近景，多少个特写？而且一颗露珠滑落的镜头，还要特地去寻找，要找到好看好拍的镜头。这就是李子柒这种粉丝级别的脚本。
>
> 2022年初抖音出了一个红人，叫张同学，他一条3分钟的视频，用了180多个镜头。自此以后，很多剧情都开始内卷了。哪怕在缸里舀一瓢水，水缸里都有一个镜头，这是把手机放在水缸里才可以拍到的。
>
> 内卷也是好事，没有内卷，行业不会进步。电影界里有两个大导演，一个是以拍摄宏大场面著称的张艺谋，另一个是以拍摄细节镜头著称的王家卫。因为他们，整个中国电影界的拍摄手法都进步了。国际上有一位大导演，首创IMAX的卡梅隆，从他拍摄的《阿凡达》开始，整个电影行业都推进了一大步。

既然要做剧情，背景起步就是李子柒这样，对白方面学习毒舌电影。先不要说做不到，会者不难，难者不会，如果你的团队有专业的导演、摄像、场景、道具和剪辑师，团队配合起来，很容易实现。而且如果不向上追求，当你拍到第10条内容，就会审美疲劳了。如果你拍完50条，基本是身心疲惫了。要是拍不好，资本不来敲门，广告商也不来敲门。

当你的小剧场拍了100条，拍火了以后，投资人找到你，给你投资，解决变现的问题，你的团队就可以专心产出内容。当广告商找到你，让你把剧情改变，你的变现通道就打开了。如果没有投资人和广告商找你，只能说明你的内容还有很多需要改进的地方。

脚本创作的思路，大体分为以下三个阶段，如图4-4所示。

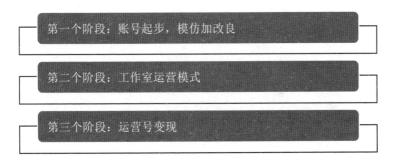

图4-4　脚本创作的三个阶段

第一个阶段，账号起步，模仿加改良。找到对标账号，模仿他们的做法，慢慢找到自己的风格。这个时候要注重团队配合，提升团队专业能力，还要让团队有敏感的感知能力，不然就跟不上抖音大时代了。

第二个阶段，工作室运营模式。有了专业团队，大家各司其职，群策群力，互相配合。

第三个阶段，运营号变现。公司化运营账号，强化按流程做事。

例如，有一个汽车主播，叫猴哥说车，他的账号有3800多万粉丝。2022年开始公司化运营，租了两层楼，楼下做停车场，楼上办公。整个团队有专门对接商务的、法务的、财务的。内容制作方面，有策划的、脚本的、拍摄的、剪辑的、推广的，大家各有分工。

四、标题拟定：七大秘诀，带你步步进阶

抖音标题有两种，一种是你的视频封面上的标题，这个标题做成图片。另一种是视频下方那一小段话，这是单独输入文字的。这两种标题的意义和价值不一样，我们在拟标题时，两种标题可以不一样。

（一）封面标题

有人做视频，只用抖音默认的视频第一帧的内容来当封面。如果你点进他的主页，会看这种没有标题的视频吗？当然不看，因为不知道里面的内容是什么。所以，一定要为视频单独做封面，必要时给每一张封面的图片加上一个标题，这样别人点进你的主页，一眼就知道内容是什么。这个原理好比你走进超市，一眼就能看到货架上商品的价格。

封面标题的拟定有三大秘诀，如图4-5所示。

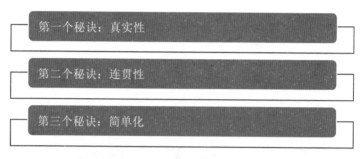

第一个秘诀：真实性

第二个秘诀：连贯性

第三个秘诀：简单化

图4-5　封面标题拟定三大秘诀

第一个秘诀，真实性。封面标题与主页要和谐，与你的人设要搭配，不能找一张漂亮图片就当封面了。

例如，有一个潮汕美食账号，视频封面都是大大的几个字——潮汕肉丸、潮汕麻油鸡、潮汕鱼胶。这样的标题有特色，真实性强，没有修饰。喜欢哪一个内容点开看就行了，如果都喜欢，可以关注这个账号。

第二个秘诀，连贯性。你的视频之间要连续，有连贯性。

例如，解读电影的账号一般会分为三段视频，会做成三联屏。这样标题的特性就是连续。这样做的好处，是人们停留在上面的时间特别长。三段比一段内容要好，分段更加简短，容易看完。

有深度的内容，人们更喜欢三连屏，或者六连屏，封面并不是一个一个做，而是做成一张大图，然后切割成三块或六块，最后拼在一起。

有学员问："臧老师，做一条视频就可以了，为什么非要切成三份或六份，这不是把流量分散了吗？"顺便解释一下这个问题，抖音适合做中短视频，如果内容特别长，单独切分成三段或六段，每一段三分钟，大家更容易看完。而且单独内容，单独推送，无论粉丝刷到哪一个内容，都会把流量吸引到主页。如果内容特别长，适合发在西瓜视频上。西瓜视频是抖音的兄弟平台，是专门做中视频的平台。

不管是三连屏，还是六连屏，标题字体、颜色、字号都要统一，摆放位置也要统一。如果有的放上面，有的放中间，这样看上去就显得杂乱，就给人感觉不专业。

第三个秘诀，简单化。封面标题的长度不要超过10个字，字太多显得特别拥挤。因为标题最终拼放在一起，文字越多，体验感越差。如果粉丝一条一条刷视频，就看不到封面标题了，一条一条刷视频看的是视频标题。打开主页看视频，会看到封面的标题，所以封面标题字号要放大，字数要特别少。

例如，我在讲抖音课程时，会在现场给学员演示内容。除了提前准备好成品案例，还会用手机连接投影仪，随机找一些案例来展示解析。我肯定要找有"封面标题"的账号来讲解，没有封面标题，我是不会点开的。

> 运营抖音账号时，我会教大家找到20个对标账号全部看一遍。很多学员找对标账号时，都不会拿没有封面的账号来对标。可见大家都有一个共识，有封面才专业，封面统一才值得对标学习。

（二）文字标题

人们看文字标题，也分两种情况。一种是滑动视频，一个一个来翻看，然后被你第一句话内容吸引，在看视频的同时，顺便把左下角的标题文字看了一遍。另一种情况是人们在抖音上搜索关键词，因为抖音的精准推荐，把用户带进你的视频里。

所以，我们写文字标题，重点是迎合抖音的搜索引擎，要写给搜索的用户，而不是"自嗨"。很多人在创作标题的时候，总是写得很有文采，自家团队看得很"嗨"，但是用户找不到，搜索引擎找不到。找不到的标题，都是失败的标题。

你知道抖音的搜索，现在日活量有多少吗？它已经是全国第一，超过百度。很多人有问题，都习惯上抖音来找答案。比如：高跟鞋磨脚怎么办？土豆泥做法？什么是熵增原理？而抖音也没让人们失望，你准备了关键词，它就会用关键词给你导流。

我们写标题时，可以先搜索一些关键词，做一些测试，看看给出的结果是什么，这就是文字标题的一个核心点。文字标题有三个组成部分，一是视频的引导语句，一两句话；二是关键词，也就是"#"后面放的那个词；三是@一个人，或者@一个账号。

我总结出文字标题拟定的四大秘诀，如图4-6所示。

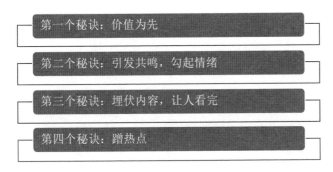

第一个秘诀：价值为先

第二个秘诀：引发共鸣，勾起情绪

第三个秘诀：埋伏内容，让人看完

第四个秘诀：蹭热点

图 4-6　文字标题拟定四大秘诀

第一个秘诀，价值为先。标题具有功能性，能给人价值和帮助。

例如，一家水果门店在拍短视频时，不仅教人如何挑选好的水果，还教人们如何切水果。像榴梿、柚子这些比较难开的水果，还有桃子长有很多细毛，很难收拾，店主拍视频教大家，并把店铺位置标记好。这样抖音平台就可以给他推送流量，给他导流。用户涌入之时，就是店铺变现之时。

再比如，卖车的4S店标题应该怎么取？当然站在搜索引擎的角度上，把这款汽车的优点列出来，用关键词的形式放在标题里，方便大家搜索。一旦找到你的店，在你店里买一台车，你的利润是多少？而你做的，只是把标题调整一下。

第二个秘诀，引发共鸣，勾起情绪。抖音上宝妈类、情感类的内容，特别容易引发共鸣。比如熊孩子调皮、晚上回家被老婆整以及与老丈人喝酒的注意事项等，这样的内容在标题上表达好，就能引发共鸣。不要用那种含蓄的、含沙射影的、拐弯抹角的标题。假如拐弯抹角，别人看得云里雾里，搜索引擎还找不到。

第三个秘诀，埋伏内容，让人看完。有一个扫地机的测评，开场第一句："我今天给大家测试三款扫地机，让你选中合适的。"标题做一个引导，说："三款扫地机的测试数据，我就放在视频里了，可以去截屏。"视频里埋伏好内容，标题上做好引导，大家就会看完内容，然后截屏。有些主播特别聪明，他的内容就闪半秒，很难截屏，人们就得反复看几遍。

第四个秘诀，蹭热点。在标题上加上热点，也会带来一些流量。但是热点有两面性，不要强行往上靠，毕竟视频爆红，人工还是会审核的。我们把标题写好，说不定会上热门，成为别人蹭热点的视频。

五、文案结构：四个要素，找到爆款特质

抖音创作者大体可以分为三种人，分别为初级创作者、中级创作者、高级创作者，每种人所关注的内容并不一样。初级创作者主要关注播放量，发出一条视频，很在意有多少人看。中级创作者关注粉丝和粉丝画像。从这些粉丝数据中，看男女比例、所在的区域、所处的年龄段，分析哪类人是喜欢自己视频的人。高级创作者关注变现，每一步设计都是从变现的角度来思考。

高级创作者也是从初级开始的，一步一步创作，一点一点总结。以高级创作者的经验，即使重起一个新号，从注册账号、起名字开始，思考的角度也是未来变现。如果是一个全新用户起步，需要一点一点摸索功能，一点一点升级变成高手。我们刚开始接触创作，不用为从初级到高级的差距纠结，也不用为这个落差而失望。当我们成长起来，回过头看，也能指导他人完成从起号到变现的每个环节。就像你创业一样，第一次没有经验，磕磕

绊绊。但是有过一次创业经验，二次创业就顺利多了，第三次就非常有经验了。

抖音上开启每一个账号，就是一次创业。刚开始创业，关注播放量。水平进化到中级，开始分析用户。变成高手以后，开始想着各种变现，直播带货、知识付费、用视频带广告等，每一条视频都想着如何爆火，如何变现。

抖音视频如何爆红呢？这需要爆红的文案或剧本。我总结了一个方法，分享给大家，如表4-1所示。

表4-1　爆火文案设计

核心要素	文案
IP人设	
案例素材	
独特观点	
价值点	

表的左边一列分别是爆火文案的四个核心要素：IP人设、案例素材、独特观点、价值点。右边一列空着，可以往里填你的文案，把对应的内容填到对应的框框里就行。这样撰写文案，可以让你的创作工业化、流水化、结构化，而且做出的内容又快又准，效果又好。像那些大网红的文案，其实都是有固定框架的。

（一）IP人设

我们创作文案，素材、数据、价值点可以抄，唯独IP人设不要抄，这也是抄不来的，因为IP人设体现账号的定位和人设。

比如，电影解读账号"毒舌电影"，它的结构被众多电影解读账号抄袭，唯独风格抄不过来。有人说"抖音一切皆可抄"，他说这句话的时候，本人有没有把抖音做起来呢？可以这样说，你抄的技术越高，抄的手段越狠，甚至抄得"青出于蓝而胜于蓝"，在内容超越了对方又如何？当你火了，正好被原创者发现，他就可以取证投诉你，你的账号就被限流或封禁了，你的内容就变成"爆款一日游"了。

账户打造IP人设，内容尽量重复，甚至每条视频都重复，让用户看一眼就知道你的独有风格。比如"直男财经"账号，打造的是什么人设？主播一个人穿着各种T恤，直来直去地跟你说："家人们呐……"所以，他打造的就是有话直说的人设。

（二）案例素材

在文案中，你所引用的内容，包括案例、故事、数据等，这些所有找过来辅助主线内容的，都是素材。不管你列举多少个案例，方向只能有一个。也就是说，案例就像一辆车，不管车有多大，方向盘必须只有一个。在引用素材的时候，信息来源必须是权威媒体，必须是官方发布，不要拿道听途说的东西来做案例。

（三）独特观点

你的观点必须是独有的，必须有认知差、时间差，或者信息差。总之，这个差距要找出来，不然你做的内容都是大家公认的，都是大家知道的，都是没有新鲜感的，就没必要再做一次了。即使你做了，没有独到观点，也火不起来。

例如，2022年抖音创作者大会有一个获奖作品《用一斤普通牛肉战胜十斤和牛》，就讲了认知差。和牛可是牛肉中的天花板，但是10斤和牛居然被1斤普通牛肉比下去，为什么？出于好奇心，必须得看一看，所以这条内容就爆了，而且获得年度大奖。

观点要做到人无我有，就能胜出。当大家都知道的时候，就快人一步，率先发布。如果出手慢了，别人的内容上了热门，就是人火我反。善用逆向思维，讲出不同观点，并且把这个观点变成视频开场，也就是人们常说的黄金7秒。

那么，把黄金7秒内容精心设计好，就有完播率了吗？还远远不够。爆款内容是一个整体，哪怕开场20秒只有画面，没人说话，一样吸引人。结构严密，听起来一气呵成，人们才会一口气看完。如果内容七零八乱，开场把人吸引过来，之后还是一样一滑就走，这样的内容是不能爆火的。这就好比你在饭店门口摆放了一个促销招牌，上面是一个大美女，把顾客吸引进店里，人们一看菜单，转身就走了，吸引人进店还有什么用呢？

（四）价值点

我们的视频文案，究竟带给人们什么价值呢？做剧情内容，价值可能就是逗人一乐；做知识内容，可能是传递一个价值、告诉一个方法、告诫一个注意事项，或给出一个思维。

　　以上就是爆品文案的四个核心要素。把你的文案填写到对应框格里，就可以梳理出爆款内容的结构，这样爆款的特质就凸显出来了。你在创作时，要刻意改变四个核心要素的顺序，尝试不同的述事方式，看看哪种方式人们更容易接受，哪个方式的完播率更高。比如，先问后答，先案例后数据，先给结论再给证明，究竟哪个结构更好，以后就用哪个方式。

六、同城号：三个引流核心，助你轻松获客

同城号的玩法，本质是你有线下门店，通过线上视频来做导流。导流的前提，是你的货源靠谱。货源不靠谱，导流也没用，会被投诉离场，相关方也会收拾你。有人会问，线上平台都有严格的审核，为什么还有人敢卖假货？

一个新的电商平台出来，第一阶段都是吸引商家来入驻。大批商家进来，人气就旺了，有的商家为了一己私利，假货也就多了。

进入第二阶段，平台就会把控货源，做好品控，提高对商家的监督力度和惩罚力度。道理很简单，当你在平台上买到假货，让你伤心的是平台还是商家？你想投诉的是平台还是商家？你会舍弃一个商家，还是会放弃整个平台？结果就是，因为这次购买到假货，以后买其他商品也不会来这个平台了。

有些不良商家，总想用各种手段吸流量，在平台上卖假货。

哪个线上新平台出来，他们总会上去收割一波"韭菜"。这个平台把他们清退，他们也无所谓，换个平台再玩。

例如，有些做美容的商家，把用户线上引流到线下的美容院，不好好做服务，而是让人办卡。用线上各种流量技巧吸引顾客前来，挥起镰刀，开始收割，最后伤害了客户。这些现象充斥各个电商平台，都值得用户警惕。

再举一个例子，业界很多讲师，在某线上平台用知识付费作为套路，教别人一些花样，继续欺骗下一轮用户。这样收割下去，人们舍弃的不是一个店铺，而是整个平台。

同城号玩法，必须反复说明一个前提，就是货源要靠谱。货源不靠谱，后面做得越好，害得人越多。

同城号如何引流？有三个核心，如图4-7所示。

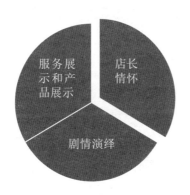

图 4-7 同城号三个引流核心

（一）店长情怀

我们先看第一种同城号——店长情怀。这类设定的同城号是最多的，围绕店长本人来拍摄，围绕店长来设计脚本和台词。其实对于门店来说，也不用太多设计和表演痕迹，就是把店长性格加强。如果他是热情好客的人，就加强热情的特质；如果他是幽默的，就加强幽默的特质；如果他是和气的，就加强和气的特质。

店长如果有固定的口头禅，当然不是那种骂人的口头禅，就可以把这句话提炼出来，反复使用，每条视频都用起来。还有店长的服装，要穿出特色。

> 例如，有一个500多万账号的大网红——恩克，来自内蒙古大草原，他穿着蒙古族服装。他的人设就是吃肉；他的口头禅就是"来吃肉，肚包肉"；他的变现方式就是卖肚包肉；他的情怀就是草原。所以，他的账号拍摄的内容一定在户外，展示天高云淡、绿草青青的草原风光。

（二）剧情演绎

第二种同城号，剧情演绎。这种号一般有三四位人物出镜，人多好设计对话，强化剧情。拍摄地点就在店面里，把店铺招牌、店里产品、店面服务都拍上。

例如，我的一个学员说，自从他做了同城号，火锅店人满为患，都没法拍剧情了，拍出来都是人的后脑勺。当时我听了这事，还为他高兴，人多了并不怕，火锅店怕的是人少。可以选人少的时候来拍，上午10点以前来拍，这就可以演绎剧情了。

还有一个学员说："臧老师，我拍的剧情效果很好，门店火爆，但是我每天在想新的剧情，挖空脑子地想，一想就抓头发，我怕哪一天头发被我给揪光了。"我和他说："你们有一个主线是不变的，其他内容可以变。同一个剧情换不同的人拍，照样可以。找不同的人，可以是每天过来吃饭的宾客，这还不容易吗？别人为了门店没流量掉头发，你为了客流云集而掉头发，这不是'凡尔赛'吗？"

（三）服务展示和产品展示

这就更简单了，你是干什么的，就展示什么服务和产品。火锅店就展示火锅，美容店就展示美容。当然，展示美容要注意人的隐私，不要偷拍，要先取得顾客的同意。而且拍的部位除了脸和手，不能拍其他任何裸露的地方，这些小细节，一定要谨记。

当你拍着拍着，就可以设备升级。一开始用手机拍，就是一镜到底，简单剪辑；当你有了流量，就可以请一个专职人员来做这件事，用专业相机来拍，而且有几个无线麦，提前让讲话的人夹在衣服上。你在抖音里看，是不是很多人都有无线麦？用这个来收声，声音清晰，观众听得也舒服。有了专业设备，还可以用推拉镜头展示服务的细节和产品的细节，比如切牛肉、摆盘、入锅、蘸料，还有客人满脸的幸福等。

想要拍出这些细节，一秒钟的镜头，可能要拍一分钟；3分钟的视频，可能要拍3小时。这样做值得吗？3小时的付出，可能会给你带来30倍的回报。假如用这3小时在街边发传单，可能吸引了3桌人来吃火锅。你用3小时拍摄，剪辑出3分钟的视频，可能引来30桌的人，而且他们今天来了，明天还会来。天天有看到你视频的人，天天有过来吃饭的人。所以投入一个人，投入一套设备，这成本不算什么。

接下来，随着你们团队成熟，可以组建专职团队来干这事。用三人小组就可以：一人负责脚本和拍摄，一人负责剪辑和上传，一人就是店长。店长既是演员，又是领导小组成员。贡献一点自己的时间，奉献一些自己的情怀，人们会冲着店长这个人光顾。

运营同城号，需要不断学习和一定的投入。你学习厨师要3年，学开车要3个月，学习抖音运营为什么不愿意花时间呢？你学厨师花了3万元，学开车花了3000元，为什么学习抖音不愿意花钱呢？运营同城号，虽然要投入心情、人力、成本，但这个回报相比开门店的成本，真是微乎其微。

我一直强调团队作战，一直强调货源真实。反复强调不是教你"割韭菜"，而是让你不要被别人割了韭菜。产品是真的，服务是真的，制作短视频也玩真的，那么你离变现就不远了。只要你真心付出，抖音一定不会亏待你。这个商业逻辑一点也不复杂，你用短视频吸引人到你的门店消费，这不就变现了吗？来的宾客越多，赚的钱也越多。

总之，同城号是基于线下实体店来运作的账号，重点还是线下门店的管理，这是不变的基础，不要做了线上，耽误了线下。拍摄视频的知识很容易学会，我的几个学员让自己孩子拍短视频，怎么拍也不管，但是导流效果很好。店长就当好演员，每天照样干活，也不刻意迎合镜头，整个效果非常真实。还有一些学员，因为账号做起来，店面火爆了，团队开始争论谁的功劳大，谁分的钱多，谁分的钱少，然后有人带着抖音号悄悄离开了，有人带着素材离开了，各种分裂。

大家要明白，人心隔肚皮。你开店10年，不一定了解他们。随着收入的变化，人也在变。你认为了解，那是他们月入1万元的时候。当他们月入3万元，你会发现你并不了解他们。当他们月入10万元的时候，你发现他们与自己想的判若两人。

七、探店号：三大要点，助你店面火爆

探店号就是主播探访各个门店、探访某个景点，或者探访某个可以钓鱼的水库，通过主播的视野来展示视频内容。探店号的内容也是基于位置的，拍好内容的视频也会加上位置，同样是吸引粉丝去店里消费。在导流的角度上，同城号与探店号是一样的。

在拍摄视角上，两者正好相反。同城号是商家做主角，来宾做配角。探店号是主播做主角，商家做配角。在剧情方面，同城号是门店来设计脚本，门店为主导拍摄，探店号是主播来拍摄，脚本是谁主导呢？

探店号的脚本设计好，要给门店的人先过目，得经他们同意，才会配合拍摄。要是你不提前打好招呼，突然闯进来，一个人做介绍，一个人扛着摄像机，这个阵仗肯定把门店的人吓一跳，还以为是媒体来曝光了。只要没说清楚，只要有摄像机，就会吓人一跳。我们看到很多探店的视频，主播不认识店长，进来先找店长，然后互相寒暄几句，感觉像陌生人一样，之后会出现各种反转的剧情，其实都是提前协商好的剧情，要不然店长怎么配合呢？

同样的原理，下一节"直播号"里面更多的剧情，比如和店长打感情牌，甚至假装和店长吵架，其实都是协商好的。通过这样的剧情，让人看得非常自然，想进来消费。

探店号如何运营？我们分两个部分来看。

（一）探店号技术运营

探店号技术运营三大要素，如图4-8所示。

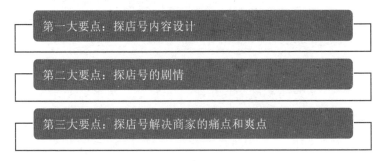

图 4-8　探店号三大要素

1. 探店号内容设计

一个完整的探店号视频，要有固定的探寻路径。开场第一句话要说明是来探店的，让别人明白你不是在旅游，而是来探店的。紧接着要说你探的是什么店，埋一个伏笔，这样大家就可以跟随主播视角进入店面，展开剧情。

举个例子，探店网红"大logo"，是业界具有代表性的探店号。最初账号名为"大logo吃垮北京"，找北京一些高档、高消费的地方进行探访。他们团队只有两个人：一个是主播；另一个是摄影，摄影同时负责剪辑和上传。他们探店的特色是只探贵的，不探对的。打听到哪里贵，就去哪里拍。毕竟这些高价消费的地方，普通老百姓基本不会去。

后来他们的号做起来，就不局限于北京，开始全国探店，寻找全国高档消费的地方，账号名称也改为"大logo吃遍中国"。他们去过10万元一晚的酒店，去过1万元一次的理发店，吃过248元一口的和牛肉。账号做到2000万粉丝时，签约了谦寻经纪公司。他们进入经纪公司，有了专业团队，就开始直播带货，而且频繁出现在直播间内。

我解析"大logo"的探店账号，其实是想告诉大家，这个探店账号是主播和摄影两个人一起做起来的，之前他们也探了很多店，有10元的面，有3元的串，但都没有火。直到有一条，他们探访了昂贵的餐厅，突然爆红，之后就一直走这个路线。主播穿的衣服也一直是橙色的T恤，常年不变。

他开场说的话也都是固定的："大logo带你来看一看。"结尾就是出了店门，说今天消费了多少钱，拿出账单晃一下，用"爆赞"两个字结束。中间就是他吃饭时的品尝、点评，以及各种美食的细节展示，模式不需要改变，人们也愿意看。

2. 探店号的剧情

探店号的剧情要呈现出店面的元素，体现出店长的性格。如果你展示的店长是一个玩不起的人，抠门小心眼、脾气不好、不懂幽默，那么经过你探寻，别人都不想去了。探店的目的是让人看到店长的性格，体验一下店面的特色。

例如，钓鱼一哥"天元邓刚"有3000多万粉丝，他游走于全国各个水库去钓鱼。你看到的是他钓鱼的技术，每次能钓很多鱼。他的剧情全是围绕着如何"盘老板"。因为钓了很多鱼，很明显老板是赔本的。但是邓刚钓完以后，鱼不带走，用来交换其他东西，比如带两只走地鸡，带走一只羊，或者换一顿家常便饭。其实不管换成什么，都在展示老板大方、好客，这样钓鱼爱好者看完，也会过来钓鱼。

3. 探店号解决商家的痛点和爽点

商家的痛点，就是探店号制作的方向；商家的爽点，就是探店号设计的脚本。商家的痛点各有不同，所以探店的内容各有不同；商家的爽点各有不同，所以探店的风格也不同。

什么是痛点？就是让店长头痛的地方。比如来宾太少、店面冷清等，真让人头痛。探店号就是设计引流，怎么引流呢？用爽点。爽点也是亮点，展示爽点，解决痛点。具体怎么设计呢？

找出店面的优势，并展示出来。

比如一家店有位置优势，地处深圳北站向东300米。如果这家店是老字号，那么就强调老字号。如果这家店的食材非常新鲜，都是每天早上4点开车在城外农庄摘菜，这也是亮点。如果某家店的龙虾特别大，都是5斤以上，可以满足食客的口味，寻找这些亮点，展示出来，流量就来了。

其实寻找亮点的过程，和做商业模式差不多。商业模式本身也是解决痛点，解决营销，解决流量的。只不过探点的落点，是通过一条视频来呈现，商业模式是通过一系列方案来落地。

（二）探店号团队建设

一般来说，探店号开始阶段，是一个人玩转了抖音，已经有成熟经验，专门起一个号来做探店号。先找一个人组建团队，一起来做。一个是探店主角，另一个专职拍摄，拍完以后，一个负责剪辑，另一个负责提意见。上传时，一个负责上传，另一个负责起标题、写文案。两个人就这样一边制作，一边进步。这是从0开始起号的方法，当粉丝涨到10万，就可以寻找第三个人。

第三个人一定是"高手"，初创团队必须有高手进来，这样团队才有质的飞跃。接下来，一个人专门当导演，指导拍摄角度，负责与店面协商；演绎的人可以专心演绎，不会分心；拍摄的人专心拍摄。而且探店号用三个人，成本还不多，三人团队非常好。

三人团队可以租一个三居室，客厅就是工作室，每人一个小房间做卧室，日常可以简单做饭，或者点外卖。这样很快就能做起来了，当粉丝上了100万，可以买一辆车，外出拍摄也方便了。100万粉丝的探店号，足以把三人小团队养活。其实探店号粉丝上了10万，就可以接广告，起步价5000元一条。随着粉丝增多，广告费也水涨船高。探店号粉丝上了100万，广告费10万元一条起步，而且不用你跑业务，厂家会主动找上门，MCN公司也会找你合作，还有其他主播也会找你合作。

也可以主动出击，上抖音广告平台巨量星图，挂出你们的广告，可以在线接单，这些操作都是团队进行的。当你们账号达到500万粉丝时，创始团队可以每人买一辆车，搬到写字楼去办公，再招三五个专职人员，开启公司化运营。同城号、直播号、探店号必须团队化运作，一个人先做，再找到一个志同道合的人合作，然后吸引的第三个人，必须是高手。

抖音也需要上千家门店，同时也会扶持线下门店，这是抖音的使命，门店业务不是太好，抖音会想办法，用各种活动帮助大家渡过难关。

八、直播号：六类直播，播出你的差异

直播是当下的风口，站在风口上，猪也会被吹上天。直播很早就出现了，游戏直播有虎牙、斗鱼，后来短视频来了，抖音、快手的视频号出现，露脸的直播也多起来了。

以前看直播，可以看主播的才艺，也可以看主播的颜值，甚至主播"能吃"，都能火爆起来。有人不小心说了一句话被网友传播，就凭这一句话变成热梗，同样火了起来。

现在的直播，主要靠实力。有实力才有机会红起来，才能变现。这意味着现在的直播门槛已经很高了。"能吃"不是实力，但有的网友很会养猫，能把猫养得特别可爱，这也能红。有的网友很会养狗，把狗训练得很聪明，照样能红透网络。

例如，有人喜欢下象棋，用直播展示下棋技能，照样获得百万粉丝，收获1000个棋迷。不要以为下象棋的人一天到晚下棋很

辛苦，你不要担心他。你一天到晚工作，风吹日晒，他在家里下象棋，下棋本就是他的爱好，这个爱好还可以赚钱，而且赚的钱比你想象的高很多。这意味着什么？直播确实是风口，直播确实是赚钱的机会。

很多网红不以拍视频为主，把直播作为职业。那么直播可以播什么？以下是直播号的六类直播内容，如图4-9所示。

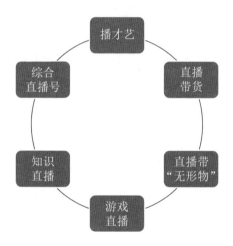

图4-9 六类直播内容

（一）播才艺

唱歌、跳舞、讲笑话、下象棋、招猫、逗狗，这都是才艺。这些事做得好玩有趣，直播出来同样能爆红。如果你的才艺是讲哲学，直播出来不一定能火，因为内容太"高端"了。

（二）直播带货

当下，直播平台的网红，像罗永浩、董宇辉，还有风头正劲的疯狂小杨哥等，都在线销售有形物品。

（三）直播带"无形物"

哪些是带无形物？比如，直播带手机号。怎么带呢？在播放连续剧、老电影的过程中，有一位主播会见缝插针地打广告，推广手机号。这个方式非常赚钱，做这件事情一般都是一些大平台来运作，很少是个人居家来做。因为只有平台才可以拿到电影或连续剧的版权，而且平台能拿到移动、电信、联通的手机号。平台可以一天四班倒，换人直播。

如果是个人，这些事情都做不到。比如，抖音上个别讲师专门教别人播电影赚钱，在自己的名字后面还写着两个字——收徒。这属于诈骗，个人根本做不到。你以为电影想放就放，连续剧随便能拿到授权吗？

（四）游戏直播

直播游戏和直播下象棋一样，一边打游戏，一边挂着游戏的链接，通过人们下载来分成。还有一些小游戏，可以直接在抖音平台玩，不用下载，也相当于抖音小程序。

（五）知识直播

直播间讲知识，卖你的书和专栏，或者卖别人的书和专栏，这就可以变现了，而且还可以赚名气。通过直播，让你在线成名。

（六）综合直播号

什么是综合直播号？例如，东方甄选的直播间，会卖书、卖玉米，也会卖纸巾，知识类也有，吃的、穿的、用的都有。他们不仅可以赚分成、赚名气，还可以赚坑位费。坑位费是大网红的游戏，小网红赚不到这个钱。

以上这六类直播，抖音已经给规划好了，有形物的带货工具叫小黄车，无形物的带货工具有小风车，知识类直播带货工具有小雪花。小黄车大家经常见，小雪花见的比较少。因为知识类直播还比较少，比较弱势，而且人们在线看内容，主要还是图一个乐，很少人上来学习。而且能把知识讲得轻松幽默很难，一般老师都做不到。但是我推断，以后这三种直播会呈现三足鼎立的状态。也就是说，有人上去图个乐，有人上来要学习。

了解完这六类直播号，下面看它们具体如何赚钱。

第一种赚钱方式，音浪赚钱。音浪怎么来？让粉丝点击屏幕，点的次数越多，音浪越多。

第二种赚钱方式，刷礼物。只要在直播间观看，就可以刷礼物，礼物就代表钱。在抖音上直播的，有两个人主动关闭了打赏礼物的功能，一个是河南胖东来老板于东来；另一个是明星刘德华，直播演唱会时主动关闭刷礼物功能。其他人都开着礼物打赏功能，有时也不为赚钱，为了用礼物增加人气。

第三种赚钱方式，让大家关注，让大家加灯牌。也就是赚人气，加了灯牌，粉丝与主播的关系就更进一步。至于直播间两人PK，多人联动，都是为了通过粉丝刷礼物来赚钱。但是要注意，PK时主播不要讲粗俗的话，不要骂人，不要搞低俗的东西。否则会被警告。如果看到直播时突然卡了一下，不是你网络的问题，而是主播被弹窗警告了。如果你看的直播突然掉线，也不是你网络问题，而是直播被关闭了。为什么被关闭？触犯了平台规则。

直播间不是法外之地，有智能机器24小时审核，而且还有人在线投诉，一经投诉，人工就会介入。机器判定没问题，人工可能判定出问题，然后会分级警告，小则弹窗，中则下线，大则封号。封号也有几个层级，有的封7天，有的封一个月的，还有把号直接封掉。

例如，有一个主播在直播时讲医美的内容，被封号了。后来他向抖音官方申诉了好几次，平台限令整改后，才重新开通。医美的内容不能播，化妆可以；增高方法不能说，健康知识可以；减肥不能播，塑身可以；暴饮暴食不能播，吃少点可以；浪费粮食不能播，光盘行动可以。

总之，广告不允许的内容，直播也不允许。如果你要做美食直播号，就播一些家常菜、乡村菜，走轻简路线，不要播那种煮一大锅，放两袋盐的。我们现实中吃饭并不建议放太多盐、放太多调料，吃这么多盐能健康吗？所以直播间也一样，不要误导人。

内容越简单越好。曾经有一个团队做剧情，演的是给老婆做饭，一次上了12个菜。这就不正常了，但是他们解释说，其实12个菜不仅是给老婆孩子吃，还有摄影、后期，整个团队一起吃，只不过出镜的就两人。我和他说："观众看的是入镜的内容，观众可不知道你团队的事。如果你团队100个人，难道要吃100个菜吗？"

直播反而好做，因为直播就是展示真实生活。那些挥着镰刀"割韭菜"的慢慢会在网上消失，有实力的人就有机会。抖音上有大量教人变现的老师，他自己的抖音号都没有做起来，偏偏给别人讲如何运营抖音变现；他自己没有百万粉丝，反而教别人如何涨粉；他自己没在抖音赚钱，却在教别人如何赚钱。结果是什么？收了别人的学费，他确实赚到了，但是听课的学员全部没赚到钱。

"忽悠派"凉了，实战派才有机会。在直播间展示你的才艺，展示你的工作状态，展示你娴熟的手艺，这可以赚音浪和礼物的钱，然后可以带货，就带你熟悉领域的产品，讲你熟悉的知识，这样就会解决"酒香也怕巷子深"的问题。有了直播，巷子深也有人上门找来。

接下来说几件让主播头痛的事。

第一个头痛的事，被流量冲昏头脑。有些主播粉丝多了，以为自己红了，走到哪都特别嚣张。

比如，别人探店时，吃饭会给店长钱；他们吃饭，还跟店长要钱，事后被曝光。其实你吃一顿饭赚到的流量，远远超过这顿饭钱。

再比如，有人在机场都要雇50个保安守着，真以为自己是名人。如果你真的因为这事"红"了，只要被传出去，你的网红生涯也就结束了。你有多红，就会被抹得有多黑；你红得有多快，号封得就有多快。

第二件头痛的事，不能坚持。

直播坚持不下去主要有以下几个原因：有人天天说一套话，粉丝听腻了；有人天天展示一个才艺，粉丝看累了；有人因为手里有钱不想拼了；有人在成名以前没钱、没车、没房，没老婆、没孩子、没应酬，成名以后忙于应酬，没时间直播了；还有人有钱以后开始鬼混，流连于灯红酒绿，觉得比直播更有意思。

另外一个原因，团队做起来了，却管理不了。以前是三人小组，运作得很好；现在做成公司，团队变成100人，管理不了，也就影响了直播。所以团队做起来，要么懂得管理，要么请职业经理人搭班子。因为你做直播，说不定哪一天真的会火。

比如，以前一个月你要主动找100个厂家联系合作，其实有80个厂家会拒绝，看不上你的流量。现在你红了，一个月就有100个厂家找上门合作，你忙于应酬，经验不足，极有可能赚了人气，但没有赚钱。这导致流量很大，利润很少；流量很大，人设不稳。最后用不了3年，就淡出直播界了。

第三个头痛的事，节奏快了，跟不上了。一天天工作连轴转，转不动了，因为你红了。怎么办？牢记初心，锻炼身体。

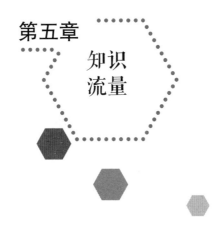

第五章

知识
流量

近两年来，知识付费行业的兴起让不少人凭借自己的专业知识获得了大量关注和收入。知识付费的本质在于先把知识变成产品或服务，然后通过消费者购买，最终获得商业价值。

一、知识主播与电商主播的异同

如果说2020年是抖音带货元年，2022年就是抖音知识付费元年。带货用小黄车，带课用小风车，两者在抖音平台上的操作逻辑是一样的，但是两个赛道的主播不同。那么，两者之间有哪些区别和优势呢？

（一）知识主播与电商主播的相同点

两者具有以下相同点，如图5-1所示。

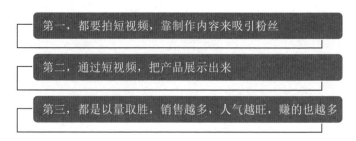

图 5-1　知识直播与电商主播的三大相同点

第一个相同点，两者都要拍短视频，靠制作内容来吸引粉丝。

有人说："臧老师，我不会拍视频，就会卖货。""那也不行，开启直播功能的前提是你需要有一定量的粉丝，并不是你申请一个号，就可以随随便便开直播的。而且你不拍视频，别人也无法了解你。"我这样解释。当用户打开你的主页，发现没有视频，或者只有几条视频，他对你就没兴趣了。

不管哪种主播，都要先拍短视频，展示自己产品，展示自己的水平，而且要不断更新，除非你要退网，才可以停止更新。在抖音平台，最少一周更新一条，最好一天更新一条。如果是在B站或西瓜视频，可以一个月更新一条有深度的内容，这不影响你的人气和人设，因为这些平台以中视频为主。但抖音以短视频为主，讲究短平快，所以尽量多拍。

第二个相同点，通过短视频，把产品展示出来。电商主播卖衣服、化妆品这样的有形产品，知识主播卖付费专栏、书籍，或者你的私董会、线下课，这些内容都要通过录制短视频，把内容介绍清楚。

第三个相同点，两者都是以量取胜，销售越多，人气越旺，赚的也越多。比如，电商主播成名的有疯狂小杨哥等，知识主播成名的有意公子、鹤老师、卢战卡等。

（二）知识主播与电商主播的区别

以上是三个相同点，那么两者有什么区别呢？如图5-2所示。

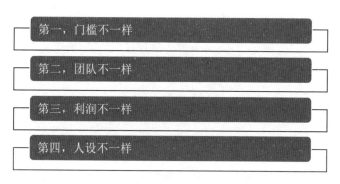

第一，门槛不一样

第二，团队不一样

第三，利润不一样

第四，人设不一样

图5-2　知识直播与电商主播的四大区别

第一个区别，门槛不一样。请问电商主播门槛是高还是低？几乎没有门槛，任何人都可以"推门而入"，进入电商这个赛道，除了抖音平台规定的，未成年不允许出现在直播间。直播本身就不难，只要看几次别人的直播现场，一学就会，而且越卖越精神。

无须讲清楚产品的工作原理，照样可以卖。比如卖饼干，讲不清饼干的成分，但可以现场试吃，说出它的口味如何好，口感如何好，和超市饼干有什么区别，最后一样有销量。可以没有自己的货源，不用和厂家谈，直接去"抖音精选联盟"里，链接别人的货源，直接带货。所以这个门槛越来越低，最后造成三赢的结果。主播有分成，厂家有分成，平台有分成，何乐而不为呢？

知识主播是有门槛的，不是谁都可以制作一个付费专栏，不是谁都可以出版一本能畅销的书，也不是谁都可以讲出一门收费课程。

虽然有门槛，但也不高，有些主播会搬抄别人，也可以生产自己的内容。你做了一个专栏，只要销售好，就有人抄你的内容。你专栏36节，他就抄72节；你定价199元，他定价99元，内容是你的一倍，价格是你的一半；你花半年时间的制作，他用3天就全部抄过来了。抄的过程中，不用太多技巧，只要脸皮厚就行。

例如，有一个40岁妈妈，把生儿育女的经验总结出来，做了一个付费专栏，卖得很火。一个20岁的姑娘看中了，她不仅没生过孩子，也没结过婚，照样把这课程抄过来，变成她的知识。这个姑娘还把行业内三个课程拼合在一起来抄，内容更多，价格更低，卖给千千万万个宝妈。

现在的市场，会做的不如会卖的，有底线的不如没底线的。胆子大的，可以包装自己，20岁的年龄，也可以说自己有工作经历。而40岁妈妈对知识有敬畏心，包装自己的话写得太过谦虚，最后人们对比内容，发现还是选择20岁女孩的专栏学习。

第二个区别，团队不一样。电商做得越大，团队越大；团队越大，越能做大。你看有的直播间，一场直播成交上千万元，你知道背后的团队有多大吗？一场直播带50个产品，这50个产品背后是50个厂家，每个厂家至少出10人来配合，这就是500人。还有负责技术的、后勤的、商务洽谈的、法务的、财务的，相关人员也要100人。还有申通、圆通、韵达这些快递公司，涉及的人员非常多。电商团队就像滚雪球，越滚越大。

知识团队就不一样，一直会保持着小而精。从一个人开始，哪怕知识产品卖了1亿元，团队还是不到10个人，而且整个过程也用不了太多人。你做一个专栏，卖出1份，卖出100份，或是卖出1000份，团队一样没有太多的付出，除非你的知识出问题了，售后问题会多一些。哪怕全部退款，也没有太大的工作量，这是系统操作的。

业界有很多知识主播，就是一个人在书房里，一边创作一边讲解，一边录课一边剪辑，一边上传一边更新，所以知识主播被称为"一个人的军队"。

第三个区别，利润不一样。电商团队的利润，人均一定是越来越少。

比如，2020年，快销品的佣金在20%～25%。2022年，佣金已经降到5%～10%了。主播佣金越来越少，但是电商赛道上的人越来越多了。而且因为竞争激烈，直播间会有福利、秒杀一波接一波地送，还要买流量、投广告，这都会影响到利润。全国的电商基地越来越多，从业人员越来越多，人多了成本当然会降下来，成本降下来，里面的利润还能有多少呢？薄利多销，这个利真是越来越薄了。估计有一天，佣金会降到5%以下，那时很多从业人员就会退出，因为大家都赚不到钱了，最后"剩者为王"。

知识主播的利润，人均一定越来越高。

比如，你制作一个课程，能拿到多少佣金？在60%～80%之间。哪怕你分出一半的费用，你也有很高的利润，你说这个利润可观不可观？所以我说2022年是知识付费元年，在未来两年，佣金还会大爆发，分出去的佣金会越来越多，很多人会从电商赛道跑到知识赛道。到那时，知识主播分出三分之二利润，还能保守赚到30%，所以利润越来越多。

未来的电商赛道，会出现两极分化。一个极端是做两年团队解散，另一个极端是做到风生水起，利润超过上市公司，影响力超过上市公司。

知识赛道也会出现两极分化。一个极端是没有创新能力的人在搬抄过程中被投诉下架，收入归零，退出这个赛道。另一个极端是通过知识切入实物带货，比如网红刘媛媛，先做知识产品，后来转做电商直播，最终有形和无形的产品同时销售。

第四个区别，人设不一样。电商主播一旦成名，人们就忘了他的人设。你看全国排名前20的直播间，主播有什么人设吗？你已经忘了他们的人设。到了这个地位，大家开始比商业硬实力。大家在直播间带的商品大同小异，价格相差无所，销售方式也是一样的套路。

但是知识主播会通过直播立住自己的人设。没有成名之前，没有明确定位，没有明显的人物设定。

> 比如，东方甄选的直播间，主播一边带货，一边讲文化知识，然后人们给他们的定位是有文化气息的直播间。他们要是带书，会把作者请到直播间，所以东方甄选直播间在2022年上半年销量进入前五，超过了罗永浩的"交个朋友"直播间。

通过对比两种主播的相同之处和不同之处，可以看出未来哪种主播更占优势。当然是两者结合的主播，既有电商的商业头脑，又有知识的专业头脑。既懂电商的商业逻辑，又懂知识的学术逻辑，这样的主播会成为未来的大主播，那种只会咆哮、只会玩价格套路的主播会逐渐消失。

二、知识主播的三个原则：有价值、说人话、接地气

知识主播相对于电商主播有很多优势，于是很多人问我是不是该转向呢？对此，你要明白，虽然你做了知识主播，但是转向并不是要你从电商主播直接切换到知识主播这个赛道。

我的建议是，把知识赋能于你现在的电商，说不定可以让你直播间带有文化气息，让你的短视频更有文化属性，让你获得更多的流量。如果你完全切换到知识赛道，你的定位就变了，可能失去竞争力。

最近，知识赛道被很多人吹捧，已经吹出泡沫了，所以我还是要告诉你一个现实，不要盲目变换赛道。如果你已经进入知识赛道，也不要完全只讲知识。很多讲师在录制知识课程时，只想给大家多讲干货，但是人们购买这些知识课程后，发现"干货"太多，有点听不下去。用户平日看视频，图的就是娱乐，突然听到这么专业的东西，有点不习惯了。

所以，知识赛道也不是那么好走的，在讲解知识时，少一些专业，多讲一些故事。在讲落地操作时，讲一些个人的体验，这样大家听得才有共鸣。因为人们学习的形式，与以前不一样了。2020年以后的学习，线下线上各占一半，实战与情景各占一半。如果你的内容有血有肉，有实操有案例，你的IP人设就会变得非常丰富，可以收获人气，更可以收获现金，何不一举两得呢？

我们来看一个非常典型的案例，新东方如何转型做直播？

随着近年来短视频的爆火，立足于教育行业的新东方决定战略转型，上抖音做直播带货。新东方仅仅用三个月，直播带货就挤到前10名。又用三个月，成为带货第一名，超过了罗永浩的直播间。新东方的快速成功，靠的是什么？是低价、表演苦情戏，还是用咆哮套路，就像很多主播卖货，原价998元，直播间98元，是这种形式吗？统统不是。

在新东方直播间，主播就是老师，直播带货时充分发挥老师"传道授业"的特色。尤其是董宇辉，他带货时讲一些人文与国学知识，并不深奥但是有趣，受到了很多家庭主妇的追捧。家庭主妇主宰家庭财务，是一个家庭购物的主力军，在她们的"帮助"下，新东方销售变成了第一名。甚至有人在直播时，问起董宇辉的婚姻情况，当这些主妇得知董宇辉是单身，就开玩笑地说，要把自己的女儿介绍给他。这些互动，其实就是流量。你想想，流量能不跑到东方甄选直播间吗？现在谁还喜欢看那种直播间演戏的、叫喊的？

知识无处不在，当知识主播在直播间多讲知识，少玩套路，就意味着要与东方甄选正面竞争，如果不讲出点花样，还能带得动货吗？大家的货源都大同小异，拿到的价格相差无几，最后比拼的是什么？拼的就是谁能把产品讲出花样，拼的就是闲聊时，谁讲的内容对大家更有用。

不要再说人们不爱学习、不喜欢听课了，关键要看谁来讲。确实有人讲课，人们不想听。比如，很多主播都在直播销售玉米，他们是怎么讲玉米的呢？说他们去农村，和大爷们讲价格。大爷报价3元一根，这是有利润的。然后这些大主播就放下狠话，说："我给你2元一根收购价，你爱卖不卖，不卖我就走了。"就这样把玉米用2元收购下来，放到直播间卖3.8元一根。

那么，新东方董宇辉怎么带玉米呢？他讲的是"谷贱伤农"，意思是谷物的价很低，农民的收入会减少。这句话出自《汉书·食货志上》，董宇辉讲出来，传递的是一种社会责任。东方甄选也去农村收玉米，大爷报价3元一根，东方甄选给他们4元一根收购价，让他们多收入一点，然后在直播间销售，价格为6元一根。

你看出他们的区别了吗？如果你要买玉米，你了解两种直播间的情况，会选择去哪里买玉米呢？当然是选董宇辉，人们抢光了他直播间卖的所有玉米。其他大主播知道情况，就开始疯狂投诉，录制视频吐槽，说东方甄选扰乱物价。事情还在继续反转，当这些大主播了解到农民种地不容易，又开始为他们的行为道歉。如果做主播对什么厂家都这样压价，不管对方死活，没有一点责任心，以后谁还敢去他们直播间消费呢？没有人文情怀的主播，能继续火热下去，能进入未来的直播竞争吗？

未来的直播间，主播一边带货，一边输出知识。未来的知识直播，主播一边讲知识，一边讲一些让人开心的内容，单纯的知识主播不会再有大流量，单纯的带货主播也不会有大流量。

在2022年9月之前，有很多主播，包括电商主播、知识主播"挥着镰刀割韭菜"，根本不考虑粉丝的需求。在他们收割的人群中，有大量的宝妈。抖音官方和相关部门不会坐视不理，及时更新规则，不允许"宝妈创业"。如果有谁还打着这个旗号，系统会认定诈骗，直接把账号封掉。

我们要遵循规则，不违背天道，不违背人道，不违背规则，同时也不能丢失流量。知识主播要坚守以下三个原则，如图5-3所示。

图 5-3　知识主播的三个原则

（一）有价值

从现在开始，无论做直播带货、讲知识产品，还是录制短视频，都要带来价值。价值是什么？不是讲多高级的学问，而是要守住底线，不管做什么，给人正能量，这就是价值。人们看到你身上的一种干劲，这就是价值。而有些人坐在高铁上还在闹事，这样的新闻，你在抖音上应该有看到吧，这就是负能量，没有价值。

我们到公共场合，要遵守规则，不外放手机音乐吵闹别人，不给别人添乱，这就是价值。如果我们还能给别人带来欢乐，带来一些生活技巧，带来一些人生感悟，带来一些旅游见闻，带来一些美食做法，就是更大的价值。你以为带给人们最大的价值，是一个人捐一亿元吗？不是，最大的价值是让大家共同富裕。

（二）说人话

说人话就是把理论说明白，说到人们心坎里。

比如，董宇辉在东方甄选直播间引经据典，也会引用诗歌，吸引众多家庭主妇来看他直播，他讲出了一种亲切感，这就是说人话。

你看很多主播的视频，一开场是不是这样说："我这个内容可能会得罪很多人，这条内容随时可能被下线，大家赶紧收藏。"如果内容真的下线了，收藏起来还有什么用？这就是不讲人话，就是故弄玄虚。

（三）接地气

接地气就是接近人物设定，你是什么人就说什么话，你是什么定位就讲什么层次的事，你面对什么用户就讲什么排场。

例如，如果要拍乡村题材，就去真实的农村，要住在村里，把大树、小河、鸡鸭成群的场景拍下来，这就是接地气。用到锅灶，用捡来的木柴烧火，这就是接地气。说话带着口音，这就非常接地气。因为接地气，抖音会给你非常大的流量。

如果你做米其林餐饮，切不同的菜用不同的刀，而且绝对不会用刀背来拍蒜，做菜过程非常高雅，这也是接地气。米其林的操作方式，本来就是这样。做到了同样能获得很大的流量。

如果你专门探豪宅，寻找有钱的隐士，把豪宅的家具全部拍上，这也是接地气。如果你专门报道超高端的汽车，都是接地气。

守住初心，相信抖音不会辜负你的付出和努力，会精准地给你引流，把对口的用户导到你的直播间。如果初心变了，想借抖音平台"收割"别人，尤其是青少年和宝妈，那么不好意思，你会失去流量，可能会被封号，甚至会涉及诈骗。

三、知识创作的三个方向：入门、热门、冷门

知识主播分为两种，一种就是普通人，通过总结生活经验，顺便做出一个课程。另一种本就是课程讲师，顺便录制了一些知识课程，放在网上销售。

有专业讲师和我们普通人抢生意，我们还有得干吗？这个不用担心，线下的讲师以讲课为生，他们偏重于学术，而且但凡是讲师，内容非常陈旧。我们普通人用经验分享来做课程，效果不一定比他们差。你看现在销量好的付费课程，也不一定是专业讲师做的，而是在行业有实战经验的人做的。又有人会问："我既有实战经验，讲课也非常在行，这怎么定位？"如果你两头都兼顾，那么你的机会是双倍的，你必将在知识赛道上大放异彩。

比如，前文讲到那个40岁的妈妈，把照顾三个孩子的育儿知识总结成专栏，在网上热卖。虽然这个课程被很多人抄袭，但是

课程的味道是抄不到的。所以，普通人做知识主播，还是大有机会的。

普通人做知识主播，具体从哪些方面入手呢？

首先，从心开始，要发自内心地认可形势，了解到知识赛道的优势，算清这里可能产生的收入，估算未来可能达成的结果。可以算出电商主播的收入，同样可以算出知识主播的收入；可以看到电商主播的竞争方式，也能看到知识主播的竞争方式。所以要用心感知，看到未来。

其次，你本人必须是热爱学习的人，你要是不爱学习，哪怕你很会讲课，也不要走这个赛道。你必须能享受到分享的乐趣，不像很多爱学习的人，像貔貅一样，只进不出，只学习不分享，这样的人也不要走这个赛道，继续做自己现在的事情就行。

再次，要有利他之心，赋能之心。利他之心和享受分享的乐趣是有区别的。享受分享的乐趣，是站在自己的角度喜欢分享，不给钱也愿意分享。利他之心是站在别人的角度，发现别人的问题，帮助别人解决问题。有利他之心的人，非常适合做付费知识主播。他们有些课程做出来卖"白菜"价，不为赚钱，只为引流，而有些课程赚一点小钱，有些课程会赚大钱。有利他之心的人，不会太计较分享的得失。

最后，理解知识的价值。虽然是普通人，但是非常认可知识的价值，也愿意为知识花钱。可以买书学习，也可以买专栏学习，这样做出的专栏，收别人的钱时，心中也有数了。但现实中很多讲师只收别人的钱，自己坚决不付费学习，这可能是讲师骨子里的傲气。

很多央企、国企、民企大集团内部都有商学院，或企业大学，里面的讲师是哪些人呢？除了外聘一些客座教授，主要就是请公司内部善于分享的人成为商学院的讲师，他们每月会拿出一两天的时间来分享，当然是有酬劳的。

另外，华为很多高管在离职后当讲师。他们是有实力讲课的，以华为这个金字招牌做背书，他们讲的课也很受欢迎。

我们普通人都有机会走向知识赛道，平日在实战中学习的东西都可以做成付费知识，用知识帮助有需要的人。只要你是热爱学习的人，只要你喜欢分享，只要你有利他之心，只要你愿意为知识付费，你就能做付费知识。当然，最后一条"愿意为知识付费"很重要，你都舍不得花钱学习，你凭什么让别人付费学习？

付费知识具体有哪些？把知识写成书，做成专栏，在线答疑，付费回答问题，做成社群，也可以做成训练营，这些都是付费的知识。我们专栏里，主要给大家分享两个方式——专栏和社群的学习方式。这是当下主流的学习方式，而且收入比较稳固。

在线收费回答问题，律师可以这样做，普通人做不了。我们普通人做付费知识的切入口，聚集在专栏和社群这两种形式变现就可以。

以此为付费知识的切入口，我将教会你如何做专栏。我是怎么做的，怎么获得流量，教你怎么获得流量，怎么用专栏变现。普通人知识创作有三个方向，如图5-4所示。

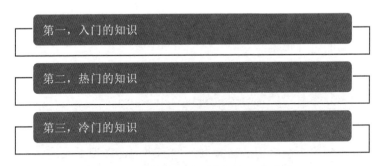

第一，入门的知识

第二，热门的知识

第三，冷门的知识

图5-4　普通人知识创作的三个方向

第一个制作方向，入门的知识。为什么要讲入门的知识？因为它容易讲好，也容易出彩，别人也容易听懂。全国各大企业的营销总监都可以总结出一门营销课程，只要是这个岗位的人，都有一些心得和体会。还有生三胎的妈妈，也能总结出一些育儿知识，因为生第一胎的时候她在寻求方法，生二胎的时候在巩固这些方法，生三胎的时候会验证这些方法。一边验证，一边讲解，这个课程就出来了。

第二个制作方向，热门的知识。什么是热门知识？有需求的人越多，这类知识越容易热门。比如，家庭教育、情感教育、口才与演讲等一直比较热门，因为这些知识人人都需求。而股权类、战略类的知识比较冷门，因为需要的人很少。我们做课程刚起步，可以盯着热门知识，什么热门就做什么，素材也容易寻找。同时，赛道比较宽阔，课程容易被别人搜索到。

　　第三个制作方向，冷门的知识。因为知识冷门，所以做的人比较少，学习的人也比较少，这个知识赛道就显得特别冷清。比如，解读文艺复兴的画作、苏东坡的诗词，还有通过秦可卿来解读《红楼梦》，这些知识听起来很冷门。虽然讲《红楼梦》的人很多，清华大学还有一个学科叫"红学"，专门研究《红楼梦》，但换个角度通过一个人来研究《红楼梦》，却是冷门。做冷门知识门槛比较高，好处也比较多。第一个好处，购买冷门课程的人，几乎都是铁杆粉丝，每个粉丝都很有价值。第二个好处，作者不会赚太多钱，但会因为冷门知识一举成名。第三个好处，不容易被抄袭，很多知识别人知道原理也复制不了，讲不出里面的神韵，就像做饭，复制不了妈妈的味道。

　　以上就是普通人做付费知识的三个方向，也是普通人迈向知识赛道的三条路径。

四、知识变现第一步，找到创作思路

有学员急想把自己的知识做成专栏，放在抖音平台上去卖。那么，具体如何做呢？

以下是知识变现第一步，制作思路。知识产品的制作方式，如图5-5所示。

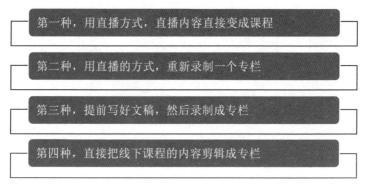

第一种，用直播方式，直播内容直接变成课程

第二种，用直播的方式，重新录制一个专栏

第三种，提前写好文稿，然后录制成专栏

第四种，直接把线下课程的内容剪辑成专栏

图 5-5　知识产品的四种制作方式

（一）用直播方式，直播内容直接变成课程

这是最便捷的方式，我们在直播时，勾选存储，直播结束后这条视频会存起来。或者你用手机直播，旁边再放一台手机录制，这样也可以记录直播的内容。有了直播视频，后期剪辑出来，变成一段段视频，给每段内容起一个标题，就是一个专栏了。也有很多粗糙的专栏，就是这样制作的。

> 我看过他们的视频，打喷嚏的镜头都没有剪掉，还有大量重复的话也没有剪掉。他们为什么这样做？是懒吗？不是。假如说直播间的视频录制了3个小时，录制讲师会把视频交给剪辑的人，把里面的内容剪出15段，然后直接上传。剪辑的人问："有重复的话怎么办？"讲师说："就这样保留着，不要剪掉，不然内容不够。"于是剪辑师开始行动了，很多镜头也就不能被剪掉，因为讲师要的是上传速度，而不是精确剪辑，最后做出的内容就是这么粗糙。
>
> 这个方式虽然简单，但我不建议大家这样做，因为太粗糙了。讲师的出发点是快速剪辑、快速上传、快速推广，而且要保量。
>
> 为什么讲师会打喷嚏呢？因为细节做得不够。录制的时候，讲师一般会穿西装，而且室内会开着空调，空调的风口如果没调好，不管是直吹还是左右摇摆，只要吹到人身上，就容易打喷嚏，还有可能感冒。所以我提醒大家要注意这些细节。

（二）用直播的方式，重新录制一个专栏

直播录制时，你之前已经讲过一遍，并且在直播过程中顺便回答了观众的一些问题，相当于把内容打磨了一遍。你重新录制时，直接把这些问题嵌入到专栏里。这样内容是不是更加全面、丰富了呢？

而且，你在直播时使用前置相机，像素不好，清晰度很一般。重新录制时，就可以用摄像机，或者单反相机来录，这样像素和清晰度就高多了，直接就是1080P的规格。所以我更建议这样做，适合普通人，而且录制成本低。

（三）提前写好文稿，然后录制成专栏

这种制作方式是先把文字稿写好，再一遍遍梳理，直到把里面的内容理顺了，然后看着提词器把这些内容讲出来。这种方式专业而严谨，因为文字已经卡好，录制的时间也就能卡好，还统一了开场白和结束语。

但是我为什么还是强烈建议大家用第二种方式呢？有两个理由。第一是你直播了一次，理顺了知识，思路也清晰了，心态也放平稳了，再录第二遍时，效果就更好了。第二，用这种方式成本低，讲得特别自然，而且适合普通用户。如果普通用户用第三种方式，就会非常不自然，相当于念稿了。

（四）直接把线下课程的内容剪辑成专栏

这种制作方式起点更高，不是普通人可以做到的，也不是普通讲师可以做到的。

比如，很多讲师能讲课，但是他对着镜头说话时，声音都在颤抖，讲得磕磕巴巴，思路也变混乱了，结果视频没有录制好，还影响了线下课堂效果。所以，现在很多专栏用课程现场的不多，一方面是因为内容不自然，另一方面是内容质量不够。虽然课堂上氛围很好，但是剪辑的时候会发现，里面并没有深度专业的内容。把课堂内容搬到网上，他的真实水平就会暴露出来，对未来的人气会有影响。

作为一名讲师，我已经讲课20余年，可以在不同场景讲不同的内容，也可以保持同样的心态。即使10个人在下面听，我也用心地讲，绝对敬畏大家。现场上千人我也一样讲，不会因为掌声太大，就自我感觉膨胀了。我在课堂上讲的内容，大家都能在抖音上看到，那些片段就是我课堂的实景。

我为什么还要专门花时间来录专栏？因为这是对知识的敬畏。前期花时间写文字稿，后期还要一句句剪辑好。不仅我是这样，业界很多讲师也是这样录制的。作为师者，要有敬畏之心，在讲课时不会浪费大家一分钟的时间，也不会让大家多花一分冤枉钱。

很多讲师随便那么一讲，随便一剪辑，放在网上，居然还有销量。因为那是用知名度在拉动。随着时间推移，抖音规则也在改变，付费知识丰富，讲师之间内卷，那些粗制滥造的课程必然会影响讲师的招牌。因为知识放在平台上，和电商产品一样，内容好不好，用户都有评论。所以我们做专栏还是要用心，要尽善尽美，尽自己最大的能力做好。

未来做哪些创新，可以实现弯道超车，超越别人呢？

一是在画面方向，做成电影级别。如果你身边有一位好朋友，刚好是做摄影的，有电影级别的设备，你可以请他帮助来拍摄视频，最后输出1080P的内容，那么你的画面就会更上一层楼。如果你身边没有这样的朋友，就不要用这个级别，因为成本很高。

二是在内容呈现方面，所讲即所见，所见即所得。你在讲专栏的时候，讲到案例，提到人物，说到模型，都制作到视频里，这样大家看视频的时候，特别有代入感，更容易吸收。大家都讲孙悟空这个人物形象，你讲孙悟空时还真的蹿出一只猴来，这样必让人印象深刻。大家都讲经济增长，别人说数字，你做了动态曲线，这么展示出来，你的效果就更上一层楼。

三是在内容结构上，做成出版级别。别人的专栏，每一节内容之间没有关联度，但你的内容都有一根线串着，像一本书的目录。你的专栏做好，同名的图书也写好了，这样你可以多赚一份钱，多赚一个名，多出一个知识产品。

五、知识变现第二步，找到知识定位

在知识付费这个赛道，为什么总有很多人被一些"镰刀手"当成"韭菜"给割了？在抖音上买衣服也好，买化妆品也罢，顶多是衣服不好看，或者化妆品不好用，浪费几百元，但是你没有想过，在知识付费上被人当成"韭菜"收完的时候，你被骗了几千元，什么都没有得到。你有没有想过，那些"镰刀手"在收割你的时候，他们靠的是什么？你在付费之前，收到一些什么不得了的信息？你回忆一下。

　　你为什么相信他们，直接付费买了他们的课程，是不是看了他们的营销话术，认为是机会？是不是认为人们之间的知识有差距，他们高人一等呢？是不是认为他们头衔闪闪发亮，什么专家、教授？是不是感觉花钱办大事，花5000元未来可以每天躺赚5000元？你是不是还曾想过，他们讲得这么容易，我也可以做到，我也是个聪明的人，一学就会？

我发现，所有被收割的人都认为自己是聪明人，但最后是被更聪明的人给骗了。从人性的角度来说，因为对方勾起了你的欲望，欲望蒙蔽了你的双眼。从现实的角度来说，就是这些"镰刀手"用一些营销套话，用了一堆玄之又玄的东西，把你给蒙蔽了，你被骗得心甘情愿。

其实你和这些知识主播之间的文化差距并不大，他们的智商也许还不如你，最后你却被骗了。只是因为他们比你多一点点认知，这个认知的落差越来越大，大到你单纯地认为对方是值得交付的老师，他们的课程是对你有帮助的。当你刷了4999元的那一刻，你想到的是挖到了4亿元的宝藏。人民网点名批评的几个知识主播，他们就是这样忽悠人的，让你随便拍视频，上传就能赚钱，你还真的信了。

其实，你也有你的特色，也有你的特长，只不过暂时没走到知识赛道。如果你也来了这个赛道，你一样可以把你的特长讲出自信，讲出落差，而且你越讲越自信，别人越听越有差距。

我们来到抖音平台，要根据自身优势，把自己的知识课程制作好，奉献给大家，做一位真正传道、授业、解惑的知识主播。并且你提供的价值，要远远大过你的价格。比如，你的专栏定价99元，要给人9900元的价值，这样才对得起大家。

定价之前先定位。不管是有形物，还是无形物，都要先有定位，再有产品。定位不对，努力白费。如何给自己和产品精准定位呢？

在抖音平台上，人设就是定位，人设是个人定位的另一种说法。人有定位，知识产品也有定位。定位对了，流量随之而来；定位不对，抖音无法判断你能提供什么价值，用户也不清楚你能提供什么价值。一个你喜欢的账号，肯定是有精准定位的。当我们在抖音小店里购买产品，产品肯定是有精准定位的。当你在一个直播间能停留一个小时，这个直播间肯定也是有明显定位的。当你在别人直播间停留时，你不妨总结一下对方直播的优点，这些也是你未来要做到的。

那么，如何找到自己的抖音人设，找到产品的优势和定位呢？如图5-6所示。

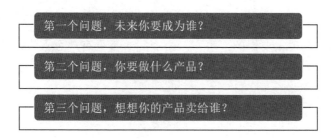

图5-6　知识主播如何找到定位

第一个问题，未来你要成为谁？

先问问你自己，未来要成为什么人？有人说，这算什么问题呀，未来的"我"还是"我"，没什么变化，只有年龄的变化。我不是问你年龄，我是从哲学的角度来问，你要成为什么样的人？是成为抖音名人、带货的达人、权威的专家，还是光宗耀祖的人？

仔细想一想，其实你很早就有答案，只不过你对这个答案不确定。你在看连续剧时，是不是想过自己当英雄，能力挽狂澜，铲奸除恶；你看颁奖大会，是不是想过自己也能上台斩获一个大奖；你吃到一桌好菜，有没有想过，自己哪天也能有这样的手艺，能亲手做一桌好菜？这就是人人都会有的念想。念想就是今天会有，过一会儿就变了，过一天就忘了。但是几万个念想中，有一个念想是你天天重复的，这就是你的未来，你努力奋斗的方向。那些不切实际的念想，都会在你脑中消失。

第二个问题，你要做什么产品？

因为念想不能变现，所以必须有一个实际的产品。知识产品也是实实在在的产品，需要你写好文稿，拍成视频，剪辑成段，上传平台。你看大街上卖艺的，都有一个产品，各路才艺样样精通。哪怕天桥上要饭的，也有一个产品，都会有一个人设，让人一眼看到那个装扮，就知道他是一个要饭的。这个逻辑很简单，你也要想清楚，做一个符合你特性的产品，做一个变现的产品。

第三个问题，想想你的产品卖给谁？

寻找哪些客户，又称为用户画像。这个画像就是用户的特质，我们把产品卖给谁，就要把产品设计成谁喜欢的样子，要把广告和文案做成他们的口吻。比如，有些儿童产品摆在货架上，一眼就能看出那是玩具，连3岁孩子都能看出来，这就是用户画像的逻辑。

三个问题问完，你会发现这其实是一个循环。你未来要成为谁？你要做什么产品？你要把这个产品卖给谁？卖给哪种人，产品就设计成哪种人喜欢的样子。要服务哪类人，自己的定位或人设就变成哪类人喜欢的样子，不然你凭什么卖产品给他们？你卖汽车，就要给用户画像，他们有什么特性，有什么喜好，不然你如何卖车给他们？现在的汽车竞争这么激烈，你对用户了解越清晰，越容易卖出去。

　　我们的知识产品销售也是这个逻辑。

　　例如，你做了一个"7岁小神童"的课程，就要深刻了解家庭中有7岁以下孩子的宝妈，注意是7岁以下，不是7岁以上（7岁以上的小孩，已经是上小学的孩子）。你的专栏内容都要向这些用户靠拢，你的语气也要向这个人群靠拢。你还要想着，有7岁以下的小孩，家里应该怎么布置，只有你把这些特性都挖掘出来，你的专栏才会畅销，这就是原创专栏的核心。这就是很多人想抄袭，却总是抄不到对方灵魂的地方，就是模仿不了对方的心境。

　　作家海明威写的《老人与海》非常经典，文笔也简单，为什么别人模仿不了？因为作者本人真的在海中与鲨鱼搏斗过，别人没有这段经历，抄袭不来。话题转回来，要教宝妈教育7岁以下的孩子，你就要精确了解7岁以下孩子的宝妈，了解她们的心情，了解这个人群的上班情况，了解这个人群的家庭特质，是不是很辛苦的阶段。这些统统要了解清楚，然后帮助她们出谋划策，帮助她们排忧解难。

　　其实，定位并不难，只需要把三个问题问清楚，人设就找到了。做事之前，先找定位。找到定位，事半功倍；找错定位，努力白费。

六、知识主播四大核心训练之一：心态训练

知识主播要专精深（专心、求精、深通），需要做好四大核心训练，如图5-7所示。

变现训练	心态训练
底线训练	说话训练

图 5-7　知识主播四大核心训练

以上这四项训练，不仅知识主播需要，在线下开课程同样需要。其中有一些误区，人人都在犯，天天都在犯，就是不懂如何正确训练。

不管你是专家讲师、电商达人转型、企业管理者，还是一个资深学习者，只要你没有在自己的赛道上运营三年，没有遇到贵人或名师，你的心态都不可能转变过来。所以，做知识主播核心训练，第一是心态训练。

例如，有一名讲师，讲了十年课，还经常忘了自己是讲师，经常抛开师德，讲一些没有底线的话，说各种段子，调侃别人。但是当他接到一个电话，有人在电话里说："我想安排你讲两天课程，这个月底有时间吗？"他听到这句话，马上就转变过来，坐姿、站姿、说话语气突然就变了。这样的讲师太多了，潜意识里没有把自己当讲师，没有讲师方面的心态训练。

直播间里一些"帅哥"，在直播过程中，经常忘了自己的身份。

比如，有一个1000万粉丝的大网红，讲到忘乎所以时，说话特别"流氓"，这是潜意识里面没有认清自己的身份。其实1000万粉丝的主播，具有一个都市电台的影响力。互联网是有记忆的，在上面乱说，第二天就有人把这些话发出来，很快权威媒体就会点名批评，最后直播平台就要对这些人进行整改。

这些主播和客户谈合作时，也非常清楚自己的影响力，说自己有1000万粉丝，直播间人数最低都在50万，所以"你的产品，我挂个链接，五四三二一，就能给你卖光"。但是直播时，和别人连麦比拼，被惹急了，就开始爆粗口。心态训练出问题，后果一定很严重。

我还想延伸一下，其实人人都需要心态训练。不管你是知识服务、带货直播、企业管理者，还是基层工作者，都要有心态训练，否则遇到事情不顺，心态就崩溃了。

例如，如果你突然接了一个大单，一下变成业绩冠军。本来这个大单也是公司创造的机会，中间有无数细节是领导给你的支持，但是你没有心态训练，变得非常膨胀，上台分享时，说这就是自己的努力，完全不顾及公司平台及别人的帮助和付出。

接下来，大家对你会怎么看？你怎么迎接下一个订单？可能接下来基本没有订单，因为没人再去帮助你了，你已经寒了那些曾经帮助过你的人的心。初到职场之人，取得一点成绩，确实容易膨胀。但是有了心态训练，你就可以更好、更长远地走下去。我并非提倡你变成职场"老油条"，"老油条"也需要心态训练。

在抖音、快手等线上平台，人人都有15分钟的走红机会，很多人抓住了这样一个机遇，突然变成了小网红。但是他心态没有转变过来，以为自己真的红了，以为自己有了骄傲的资本，走路可以横着走，说话可以喊着说，坐飞机也可以不遵守规则，心情不好可以随便骂助理。这样的人真不少，他由红变黑，再被全网封杀，也仅仅需要15分钟。

　　知识主播心态应该如何训练呢？要牢记自己的初心，牢记自己的目标。自己什么出身，永远不能忘，不要因为一点点流量就改变。往大了说，哪怕你赚了10亿元，就能忘初心吗？不能。忘了初心，就会变成庸人。

　　往小了说，当你做知识主播时，直播间来了10个人，你要不要认真地讲？有的主播只要人少就不想讲了，讲了几分钟就失望地关掉直播间。有的主播开播时有1000人，这已经是很不错的效果了，但是当他要推广自己的课程，讲了一下课程介绍时，发现直播间人数直线下降，变成100人以内，然后就不想讲下去了，也没信心推广了。

　　不管怎么说，这都是心态没有放平。其实知识直播就是这样，平台上本来就有很多"羊毛党"，他们游走于各个直播间，上线本就是来薅羊毛的，你的直播间没有羊毛，就毅然离开了。人们刷抖音，本就不喜欢看有用的，喜欢看欢乐的，所以疯狂小杨哥的直播间人数在100万以上。而全网排名前100的直播间，每个直播间都有几万人在线，还能有多少流量分给你？就算要直播，也要有专业操作，要提前预热，专门拍一个直播视频并且投流，人们点了直播预告，才会进到你的直播间，而所有预约的人，都是你的精准用户。

　　知识主播要放平心态，做好心态训练。不要和电商主播拼人数，要拼质量；不要拼价格，要拼价值；不要拼个人，要拼团队；不要拼一时，要拼谁走得更远。罗马不是一天建成的，直播间也不是一天能打造出来的，只要你定时、定量直播，你的铁杆粉丝会越来越多。当你的知识直播间有1000个粉丝，就相当于电商直播间10万粉丝的价值。

赚同样多的钱，电商主播要付出的心血是知识主播的10倍。做知识专题，一个人就能完成；做电商带货，至少要5个人。电商的售前、售中、售后，物流与客服，投诉与退货，花的时间非常多；而你做知识产品，只要付出一次，上传到网上，不管销量如何，后续费用都不会太多。

所以，走进知识赛道，要把付出和回报说清楚，把钱和价值说明白，大家的心态就可以平和了。赚多了不骄傲，赚少了不沮丧，赚多赚少不会影响知识的质量。你的知识小团队也一样，大家齐心协助，互相配合，认真对待每一场直播，认真对待每个运营关键点，不要互相拆台，不要心理不平衡，像抖音的口号一样，"记录美好生活"，你就能持续过上美好生活。

七、知识主播四大核心训练之二：说话训练

知识主播通过四大训练，全方位升级。第一是心态训练，让大家把心态放平，才能做大事。第二是说话训练，不管你是做知识产品，还是电商带货，都离不开良好的语言表达能力。

把话说好，可以吸引粉丝，也可以让人成交。反之，可能让人陷入危机。所以我们在网上说话，要特别小心。因为网络是有记忆的，也能把你说的内容传播出去。

网上说话和生活中有区别，生活中说话是面对面，你一句我一句，有来有往地说话，也称为沟通。在网上说话则不同，不管是线上讲课还是直播，都不是与听众面对面，而是对着镜头在说。哪怕你在直播间说，别人给你留言，你看到留言后回答他，也是一个人在说，没有其他任何人的声音。

线上说话，就是对着镜头说话。那么，线上说话如何训练？如图5-8所示。

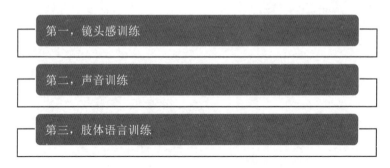

图 5-8　知识主播线上说话训练的方法

（一）镜头感训练

你发现没有，很多人平日谈笑自如，你拿着手机来给他录像，让他讲一个笑话，他突然讲不了了，这就是镜头恐惧症。所以要培养主播的镜头感，适应在镜头里说话。久而久之，你会喜欢上镜头前的感觉，只要一面对镜头，人就特别有精神。

很多人喜欢演戏，只要有戏可拍，他们就非常充实；没戏可拍，感觉生活少了很多笑声。很多明星也去抖音开通账号，开始了直播。上了直播，又有了表演的舞台，感觉他们的精神面貌又好起来了。

我们普通人也可以上网录制知识产品，定期做知识直播，未来要把知识专栏和直播带货都做起来。只不过可以先做直播，然后再去录制知识产品。同时，在直播间放平心态，抵抗干扰。

比如，在直播的时候网断了，你就得处理吧？你直播的时候，孩子跑到你的镜头里，你得有所准备吧？有人给你刷了一个

"嘉年华"礼物，你心动不心动？嘉年华是很大的一个奖赏，但是你不要狂喜，不要太过兴奋，不能影响直播的态度。如果"黑粉"在刷屏骂你，你要怎么办？你可以把他禁言，也可以把他拉黑，所谓眼不见心不烦。

不管什么情况，在直播间遇到了，学会如何处置，以后录制知识产品，就游刃有余了。

（二）声音训练

声音包括语音、语调、语速等，这些都要训练。通过声音训练，可以让话说得有味道，提升语言的魅力，毕竟我们做的是知识付费内容。人的声音有先天和后天之分，有的人出生以后，声音就好听；有的人声音自带磁性；有的人说话特别刺耳，正常说话都像在吵架。这是先天之音，我们无法改变。

我们要通过训练，改变成后天之音，改善声音、语调、语速。抖音上有很多关于声音训练的讲师，建议大家跟着学一下，只要你认真学，不出三个月，必然能改善。我不是专业的声音训练师，在这里仅告诉大家一些发声的逻辑。

我们说话时底气必须足。如何练习底气？要经常锻炼身体，呼吸新鲜空气；经常慢跑，保持气息充足。如果一天到晚待在空调房里，还经常喝可乐、吃烧烤，就会影响到你的嗓子和气息。我们进入直播间，不要叫喊，不要咆哮，不要走电商主播的路线。他们故意吵闹，为了给人造成紧迫感，让人快速抢单。我们做知识专栏，要走另外的路线。比如，我们讲《道德经》，难道也要说得很兴奋吗？说得那么兴奋，《道德经》的味道就没了。

（三）肢体语言训练

你在镜头里的肢体语言要把握尺度，不要坐着不动，也不能过于丰富。我们看新闻主持人，坐得端庄，没有大的动作，也没有太多的手势。因为在镜头里，手势代表着情绪，主持新闻，不能传递自己的情绪。娱乐节目就不一样，就要展示夸张的情绪。比如，你看马东主持节目，经常笑得前俯后仰，因为他做节目要用肢体语言影响观众，让大家跟着乐。

知识主播的肢体语言介于这两者之间，不要太过于端庄，也不要过于夸张。我们要提炼一些专用的手势，做一些招牌动作。这些动作不要太夸张，也不要太拘谨。

总之，所谓高效沟通、口才高手、直播达人、知识"高人"，都是大白话的艺术。

每次直播，你要提前准备好网络，不要掉线。哪怕掉线，也有其他的解决方案。直播间灯光不能太亮，要柔和一点，不要一半亮一半不亮。在直播间你不要穿纯黑和纯白的衣服，这样在镜头里不好看，看久了感觉特别累。其实很多衣服都有一些图样，有一些装饰，这样打扮就好看了。

还有，一定要配上胸麦，这样输出的声音很清晰。如果有两个人直播，就准备两个麦。直播间的背景板，现在流行用LED屏幕。LED大屏幕适合做直播带货，因为颜色鲜艳，色彩丰富，方便快速切换，并不适合做知识直播，知识直播偏安静，这些细节可以多学习别人的。

八、知识主播四大核心训练之三：底线训练

知识主播四大核心训练，全方位升级。第三，底线训练。通过底线训练，让大家明白底线是什么，边界是什么，什么内容可以碰一下，什么内容完全不能碰。主播不能为了流量，放弃底线，最后前功尽弃。

例如，当你开始运营抖音号，有100个粉丝，你发出的内容各式各样，因为好奇什么都拍。哪怕拍的内容被抖音官方警告，也无所谓，大不了重做一个号。当你有1万粉丝，你做的内容被警告，你心疼吗？恐怕不会无动于衷。当你有100万粉丝，内容被警告了，你会怎样？很可能睡不着觉。这时你已经有10人团队，这100万粉丝足以把你的团队养得白白胖胖，又出名又赚钱。

运营抖音号就像开公司，粉丝数量越多，越怕出错。小公司

求变，大公司求稳。小公司步子可以迈得大一点，可以转型，可以改变人设。大公司要守好底线，稳中求进。下面我们从底线出发，帮助大家提前做出规避。

有人说，抖音的很多规则是动态的，今天没事，明天可能违规。不管动态还是静态，底层的逻辑是不变的。抖音有三条线：一条是绿线，表示可以做的内容；一条是红线，坚决不能做；一条是黄线，尽量不去碰。这三条线，就像十字路口的信号灯，红灯要停车，绿灯要前行，黄灯亮了等一等。

（一）抖音视频黄线规避

红线很容易规避，黄线很不容易规避。当你的视频卡住了，那就是触碰红线了。而很多主播要么被限流，要么被封号，要么被封掉抖音号部分功能，这都是触动了黄线。

例如，有人做电影解说的账号，没有流量，是因为搬运了一些电影片段，没有获得电影片方的许可，以致碰到黄线。

有人做探店号，没有流量，原因出在哪？原来把店铺招牌上的数字拍得很清楚，系统判定为电话号码。抖音不允许出现电话号码。或者说，只要是一串数字，都可能判定为电话号码。如果拍到，需要把数字模糊处理一下。

有人做旅游号，拍到一头公牛冲过来，这些内容也是违规的。因为牛角很尖，像两把锐器，系统判定这个行为具有危险性。你拍了家里的狗，你们好久不见，狗看到主人，跑过来，一下扑到你身上，这同样不行，系统判定狗扑的动作具有危险性。

有人做美食号，抓了一只活鸡，杀鸡的动作不能拍到镜头里。把鸡拔了毛，用刀砍的动作可以做到镜头里，这是判定为食物。总之，宰杀活物是不允许的。

开车的镜头，也要注意，驾驶员必须系上安全带。现实中不系安全带开车是违法的，视频里也一样。除非你把整个开车镜头删除，这就是规矩。

如果你拍剧情，有人演哭戏，哭得梨花带雨，这还是不行的，系统判定为负能量。

你在视频里穿了T恤，中间是一个圆圆的图形，像龙又像凤，系统判定为图腾，这是不允许入镜的。衣服上有英文，翻译过来是骂人的话，这也是违规的。

（二）抖音号声音黄线规避

视频审核得很严，其实声音审核更严。比如，最大最小的"最"字，这个字可以说，文字却不可以用，就用字母"Z"来代替。还有很多敏感词、极限词、广告法不允许使用的词，都是触碰黄线的词，全部要规避一下。

在写文稿的时候，把敏感词检查一下，尽量避免敏感词。实在避免不了，后期剪辑视频时，把敏感的一个字、一个词，做消音，或用其他字代替。这是技术上的黄线规避。总之，要问抖音审核有多牛，简直就是"火眼金睛"。

（三）主播人设黄线规避

抖音上有些内容，虽然不违规，但是违背了人物设定，这条黄线也要规避。

> 比如，你做汽车号，归属于抖音"汽车"领域，但你总拍美食相关的内容，也就是人设变了，你就会被限流。
>
> 同样，你做美食号，总是拍旅游景点，你的人设就变了。铁杆粉丝就会发现你为了流量放弃底线，想着去其他赛道获取流量。

抖音在2022下半年推出"共创"功能，可以由2～5个号共同创作内容，把你们共创的号都显示在抖音上。这样方便跨界合作，共同获取流量。

> 例如，一个汽车主播和一个美食主播联合录制视频，可以获得对方领域的流量。也可以用大号带小号，让小号来引流。也就是说，抖音创作者经常挖空心思想流量，其实抖音平台也在挖空心思，为主播创造流量的入口。当抖音提醒你升级，你就升级，每一个版本的升级，其实都伴随着流量的变化，要跟上发展。

（四）隐形黄线规避

什么是隐形的黄线？比如，团队内部出现黄线。运营一个抖音号，其实就像运营一家公司，一定要防止核心团队分裂。

例如，当团队成员不和，就是黄线出现了，要及时调整机制，把账号的归属权做好、分成谈好、功劳谈好、合同签好。如果这些事做不到位，黄线就变成红线了。有人会带着号离开，或者带着核心成员离开。这样的事实在太多了，都是在黄线出现的时候没有及时调整，最后团队分裂，两败俱伤。团队一旦分裂，基本就不会裂变出两个成功的号。

其实很多堡垒，都是从内部攻破的。外部的规则，只要有三个人同时守着，保证可以守住。说具体一点，视频做出来，三个人同时审核，只要有一人感觉不对劲就修改，底线不就守住了吗？

但是团队内部的底线，尤其是创始团队盈利的时候，哪能轻易守得住？

例如，你们的号做起来，广告商给你们60万元，需要你们置入10～15秒的广告，轻松赚到60万元。站在抖音用户角度，大家肯定看过这样的广告，在剧情里突然来一句："点我的左下角，下载这款游戏，免费领取……"就这么生硬地插入广告，根本没有创意，60万元到手了。

一个月如果接这样5条广告呢？团队成员没有增加，创意没有增加，300万元利润到手了。这还不算完。账号做起来，开通了直播带货功能，一场带货赚上百万元，甚至赚上千万元的也大有人在。看着钱赚得这么容易，团队成员会不会有单干的心思呢？大家是否还能守住底线？

抖音账号能创造奇迹。抖音第一矩阵号的一家公司，从3个人起家，到8人小团队，再做到300人大团队，他们做起了3个上千万粉丝的号，总结出方法论，又孵化出5个大号，一年变现保守估计10亿元以上。2022年他们在杭州买了68000平方米的大楼。他们有方法论，还可以继续孵化新的号。赚钱这么容易，你说大家会不会想着自己"单飞"呢？

底线不是限制，底线是机会。如果你们破坏底线，一夜之间就会全网消失。只要守住底线，做好内容，传递正能量，就有机会做起来，可能买不到大楼，但买一辆车还是可能的。

九、知识主播四大核心训练之四：变现训练

知识主播需要四大训练，心态训练、说话训练、底线训练、变现训练。通过训练，全方位升级。第四，变现训练。我们做流量、做内容，终究是为了变现，但是在变现之前心态要正，不忘初心才可以走得长远。

在武侠电影中，有正反两派角色。正派练武功，需要扎马步，每次练几个小时，姿势不对还要被师傅拿着竹条打。而反派好像没怎么练武，一出手就非常狠毒，把正派直接打趴下，我们是不是经常看到这样的情节呢？知识主播做课程，其实跟电影情节里一样，如果你练正派武功，用10年功力做成一个课程，别人学完好像效果还不明显。反观那些邪门课程，一出手就是狠招，在课程设计之时，层层套路，一环一环把人们的钱套走。

比如，有人看中宝妈群体的市场，就用"居家创业"吸引她

们的注意，让宝妈在家一边带孩子一边赚钱。这就是来收割的，讲什么一夜暴富，一学就会，让宝妈报名。报名以后，学了他的方法，没有一个人能独立完成变现。这就是邪门的功夫，最终是害人害己。

与录制短视频不同，知识产品不是一个人独立完成的，再简单的知识，也需要团队配合。录制短视频可以抄一下别人的文案和创意，知识产品怎么抄？

下面，我们来看知识产品的变现逻辑与实现步骤，如图5-9所示。

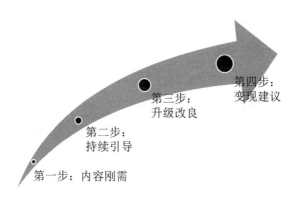

第四步：
变现建议

第三步：
升级改良

第二步：
持续引导

第一步：内容刚需

图 5-9 知识产品变现步骤

第一步，内容刚需。也就是说，你的课程要能满足别人的刚需。有些课程自身带有操作性，需要面对面辅导，虽然内容也是刚需，但是不适合放在网上教学。

在做课程之前，知识主播要做好统筹规划，看看有没有其他人已经做了类似的课程。如果没人做，也不代表你找到了蓝海，可能是你的课程确实不适合现场展示。不是什么知识都适合做成课程的。

第二步，持续引导。课程放在线上运营，看上去简单，其实挺复杂，需要做好客服，做好引导。比如，你的知识产品已经录好了，要放在抖音的知识平台，上传时平台会审核。有些课程需要特别的资质，你没有资质，哪怕讲得再好，也无法上传。

当你的知识产品符合抖音相关规则，上架以后，可以用小雪花来引导，也可以用产品链接来引导。不同方式引导，需要的技术和文案也不同。当别人购买了你的专栏课程，既可以在"学浪"平台上学习，也可以在抖音上学习。如果别人感觉课程不满意，要退货，你还要做好售后工作。如果你被人投诉，说你的内容货不对版，海报承诺的东西，在正式内容中并没有，你还要及时处理。

在课程变现的过程，需要大量的后台操作，哪怕你短视频玩得很顺畅，离做知识产品还是有一些距离。而且但凡销售产品，就一定会涉及售前、售中、售后问题，在这个过程中要有客服做好引导。

第三步，升级改良。知识产品上传到抖音以后，如果销量不好，就要寻找原因，优化文案，增加推广。如果销量很好，同样要不断改良，对产品不断升级，让产品好上加好。

在网上宣传产品，所有文字都要做成海报，哪怕你修改一个字，也需要美工来修改海报。改好海报，在电脑上操作，上传到对应位置。如果视频出了问题，这要打开源文件才可以修改。所以说来说去，这些事就是"会者不难，难者不会"，都需要团队配合，至少是三人小组共同完成。

第四步，变现建议。因为每个人做的知识产品不一样，录制的时间不一样，针对的人群不一样，定的价格也不一样，所以我给大家一些通用的变现建议。

在制作知识产品之前，一定先做好规划，定出产品大框架，毕竟这是变现产品，不能让大家的心血白费。最好是一个方向规划三个课程，然后一个一个制作，一节一节地录制。

有人会问："为什么要做三个课程呢？"

有一个课程用来引流，价格越低越好，定9.9元也行，定1元也行。这个课程虽然低到1元，同样能给人帮助，同样能解决大家的问题。当大量的用户购买了这个课程，我们的引流就成功了。引流到哪里呢？引到第二个课程。

第二个课程是中端课程，最好定价99元或以上，不要低于99元，也不要高于399元。这个课程可以赚钱，有可能把你们小团队养活了，让你们达到收支平衡。

1元课程是投放性引流，中端课程是内容上引流，在讲的过程中依然有引流性。再引到哪里呢？第三个课程，一个价格更高的高端课。

第三个课程价格定多少呢？因为是高端课，肯定是999元以上。又因为是线上展示，所以不能超过1万元。我建议大家制作时间在10小时以上，30小时以下，这相当于线下2天到4天的课程时长。

以上三个课程一脉相承，是一条完整的变现之路，要提前制作好。如果你1元课程做得很好，也有了引流效果，但是中端课程却没上架，这个流量就白白浪费了。同样，中端课程大家学得很有效果，还想听更高端的，但你的高端课程却没有上传，这流量也白白浪费了。

一个方向设计三个课程，引流课、中端课、高端课，都能给人解决问题，本质有什么不同呢？一是出发点不同，引流课出发点是普通一些的知识点，引发一些思考和问题。中端课偏重于结构性和全面性，给大家提出问题，全面解析问题，也会按步骤解决问题。高端课偏重逻辑性，尤其是底层的逻辑性，能讲的越底层，当然越高端，而越高端，学习课程的人群也越高端。

例如，有很多人都讲《论语》，如果你是泛泛讲《论语》，对里面的内容作出解释就可以了，人们听完照样有帮助。如果你要做成中端的《论语》课程，就要深度解析，讲解当时的语境，才能理解为什么孔子弟子会这样问，为什么孔子会这样回答。如果你要做《论语》的高端课程，就要把孔子那个时代的背景描述清晰，还要讲一些当时的故事，你挖出很多史料，讲出来的内容却是大白话的艺术，这就是高端课程了。高端课让人们听得很舒服，但创作者付出的很多。付出的多，回报当然也多。

其实我们制作这些课程，时间、价格、录制方法、讲述方式、课程章节等，都是定好的。然后再一节一节地录制，录制一节就上传一节。当我们录制完第一节，就开始销售了。这就好比商品房预售，房子还没建好，整个楼盘信息，户型、结构、特色，就已经展示出来了。因为展示了这些信息，人们甚至连房子也没看到，就去抢购了。房地产公司在动工之时，款已收回一大半了。

变现的三条路线：内容线、策略线、团队线

不知不觉已来到了尾声，本书从抖音起号开始，到商业流量、人的流量，再到直播带货、知识付费，不仅讲到了实物变现，还讲到知识变现。这些都是我们当下运营抖音号需要具备的知识和能力。

编筐编篓，重在收口，专栏总会结束，每次结束的时候，总感觉教给大家的知识还不够，这是我发自内心的感慨。事实上，学员跟我学习，总认为我给得太多，多到不能用"超值"二字来形容。特别是流量这个专栏，从个人起号，到掌握技术、小团队动作，再到公司化动作，这一系列变化主要有三条线。

第一条线是粉丝量。凡是学习流量、希望涨粉的人，都特别关心自己的粉丝量。关于这些内容，我在书中一节一节讲下去，有大量涨粉的思路和技巧。

第二条线是策略线。不同阶段做不同的事，刚开始我们每个人都一样，一个人在苦苦摸索。先把功能熟悉了，高端技术可能不懂，但是基础功能都会体验一遍。再学会制作内容，发送内容，从观众变成创作者。

拍着拍着，找到感觉了，涨了不少粉丝，很有成就感。某一天遇到好朋友，大家在一起吃饭，一拍即合，组成小团队开

始抖音号运营。有人负责写文案和剧本，有人负责在镜头里演绎，有人负责拍摄和剪辑。团队的力量是无穷的，仅用一年，还真把账号给做起来了。做的虽然辛苦，但是赚的也多。

第三条线是团队线。刚开始一个人孤军奋斗，一部手机，一张身份证绑定一个号，就这么简单。有了小团队，大家赚了一些钱，开始注册一家小公司，一人多职。有了营业执照，算是事业的起步，而且抖音有些高级功能，本来也需要使用营业执照的。

随着粉丝增长，技术增强，团队变大，办公场地从一个普通的地方，换到了写字楼里，并配备了专职财务、法务、商务。公司化运作需要财务合规、税务合规，对外合作要签订大量的合同，需要专职法务。其实，有3年法务经验的人，就可以担当，你也不用找1小时1万元的大律师。用大律师审合同，是大材小用。专职商务，就是对外联络人，我们对外留的联系方式，就是这个专职商务人员的。

团队更大，什么职能都可以完成，有自己的摄影场地、剪辑美工、场景拍摄，全部齐全。账号做大，团队必须扩大。团队做大，账号才可以做大，两者相辅相成。

终于做到粉丝100万，可以从普通写字楼，搬到市中心豪华写字楼。这个时候，我们就不用主动出击，而是被动等待，各种各样的公司都会找上门来跟我们合作。当粉丝做到3000万，已经是顶流账号，我们往往会选择购买自己的办公楼，要么是一层，要么是两层。这个时候，账号的产出，可以谦虚地说，不次于一家主板上市公司。很多人会虎视眈眈地盯着我们的人才，随时挖我们的人。这时我们就要做好合伙人机制，人才不能轻易被挖走。其实在抖音创业的公司，核心就是人才，四梁八柱，少一根柱子，整个企业都有危机。

以上这三条线要混在一起学习，一边涨粉，一边变现，一边创作，一边成长，一边投钱，一边赚钱。但是，术业有专攻，得道有早晚。我在流量专栏里，尽量少讲操作性和技术类知识，因为抖音APP功能经常在变。比如，上个月"商城"这个按钮还在二级菜单里，下个月"商城"就跑到一级菜单里，直接就可以点击。抖音APP一个星期就会升级一次，功能在不断变化。

我讲到团队运营，有的人不一定有兴趣听，可能觉得用不上。人们总喜欢那种一夜暴富的策略。但是我跟你说，一夜暴富的手段，往往都写在法律里，一夜暴富的策略，往往都写进抖音规则里。

讲了这么多心里话，我的专栏也就到此结束了。这是一个结束，也是新的开始。其实我上面说的你真的听懂，你就不会焦虑了。你学习一个专栏，听完一个课程，看完一本书，如果变得特别焦虑，那么这些内容一定不是你当下需要的。你真正需要的内容，一定会让你很冷静，然后去执行。学习无止境，事业无止境，涨粉无止境，变现无止境。流量不是核心，变现才是核心。变现不是核心，给社会传递正能量才是核心。

谢谢大家，再见。